Nini Lovevalley

Hassrede in Japan

Der rechtliche Umgang mit der Diskriminierung von koreanischen Minderheiten

Bibliografische Information der Deutschen Nationalbibliothek:

Die Deutsche Nationalbibliothek verzeichnet diese Publikation in der Deutschen Nationalbibliografie; detaillierte bibliografische Daten sind im Internet über http://dnb.d-nb.de abrufbar.

Impressum:

Copyright © Studylab 2018

Ein Imprint der Open Publishing GmbH

Druck und Bindung: Books on Demand GmbH, Norderstedt, Germany

Coverbild: Open Publishing | Freepik.com | Flaticon.com | ei8htz

Inhaltsverzeichnis

Abkürzungsverzeichnis

BGBL	Bundesgesetzblatt
CERD	Committee on the Elimination of Racial Discrimination
ICCPR	International Covenant on Civil and Political Rights
ICERD	International Convention on the Elimination of All Forms of Racial Discrimination
IMADR	The International Movement Against All Forms of Discrimination
JADG	Japanisches Antidiskriminierungsgesetz
JBGB	Japanisches Zivilgesetzbuch (*Minpō*)
JStGB	Japanisches Strafgesetzbuch (*Keihō*)
JV	Japanische Verfassung (*Nihonkoku kenpō*)
LDP	Liberaldemokratische Partei Japans
OECD	Organisation for Economic Co-operation and Development
Shuken	*Shuken kaifuku o mezasu kai*
UN	United Nations
Zaitokukai	*Zainichi tokken o yurusanai shimin no kai*

1 Einleitung

Seit einigen Jahren verdeutlicht sich in Japan zunehmend ein für die Gesellschaft bedrohliches Problem. Diese Gefahr hat sich nicht erst in den letzten Jahren entwickelt, vielmehr besteht sie schon seit langer Zeit und hat nach und nach besorgte Beobachter auf den Plan gerufen und Reaktionen veranlasst.

Die Rede ist von der sogenannten Hate Speech (Hassrede), welche ethnische Minderheiten im Lande denunziert und beleidigt. Hassrede wird meist von Mitgliedern rechtsorientierter Gruppierungen, insbesondere der so genannten *Zaitokukai*, als Mittel zur Hetze und Diffamierung von Minderheiten gehalten. Nicht nur im Internet, auch auf der Straße werden die Betroffenen im Rahmen von Demonstrationen attackiert und Zuhörer zur Teilnahme an solchen Angriffen aufgefordert. Nicht selten kommt es hierbei zu körperlichen Auseinandersetzungen zwischen Vertretern rechtsorientierter Gruppen und den Betroffenen und deren Unterstützern.

Hauptziel der Angriffe sind in Japan ansässige ethnische Minderheiten, vornehmlich dauerhaft in Japan ansässige Koreaner, welche als *Zainichi*[1] bezeichnet werden, selbst wenn sie bereits naturalisierte Japaner im rechtlichen Sinne sind.

In der Vergangenheit kam es bereits zu rechtlichen Auseinandersetzungen, welche zugunsten der Angegriffenen entschieden wurden. Dennoch verbreiten Gruppen wie die *Zaitokukai* weiterhin ihr Gedankengut in Form von Demonstrationen, Reden und Internetseiten. Die rechtliche Beurteilung des Problems der Hate Speech in Japan ist seit langem unklar und hat dazu beigetragen, dass hassschürende Reden eine lange Zeit ungestraft gehalten und verbreitet werden konnten.

Die Problematik ruft auch Fragen zu einem generellen Rassismusproblem im Lande hervor. Die jahrelange Zurückhaltung des japanischen Staates gegenüber demokratiefeindlichen Gruppen und deren Aktivitäten und Hassreden hat dazu beigetragen, dass Individuen ihren Hass gegenüber einer bestimmten Ethnie ungehindert verbreiten konnten.

---

[1] auch üblich sind die Bezeichnungen *Zainichi korian*, *Zainichi kankokujin* für Südkoreaner und *Zainichi chōsenjin* für Nordkoreaner. Der Ausdruck *Zainichi* beschreibt grundsätzlich nur sich in Japan aufhaltende ausländische Staatsbürger und impliziert alleinstehend einen zeitlich begrenzten Aufenthalt in Japan, nicht jedoch speziell die koreanische Ethnizität.

In der Diskussion um ein Verbot von Hassreden verdeutlichte sich ein fundamentaler Streit um die Abwägung freier Meinungsäußerung gegenüber dem Wohl und der Menschenwürde der betroffenen Personen.

Nach wiederkehrendem Drängen internationaler Verbindungen und Stimmen aus dem eigenen Volk hat Japan nun damit begonnen, das Problem der Hate Speech überhaupt als solches zu akzeptieren und eingesehen, dass Handlungsbedarf besteht. Aus diesem Grund wurde zuletzt das Gesetz zur Bekämpfung von Rassendiskriminierung und Hassrede beschlossen. Inhaltlich wurde das Gesetz jedoch bereits von vielen Seiten kritisiert, nicht nur von rechten Gruppen, die sich in ihrer Meinungsfreiheit beschränkt fühlen, sondern auch von der Bevölkerung und Vereinigungen, welche aufgrund eines unkonkret verfassten Textes und fehlender Strafbestimmungen das Gesetz für unzureichend halten.

Im Folgenden soll ein Einblick in die diskriminierenden Handlungen gegenüber der koreanischen Minderheit in Japan durch rechtsorientierte Gruppen wie die *Zaitokukai*, aber auch in den versteckten und selbstverständlichen Rassismus im Alltag gegeben werden, da er ein Verbot rassendiskriminierender Äußerungen erschwert. Im Anschluss beschäftigt sich diese Ausarbeitung mit der japanischen Gesetzgebung, die es in den letzten Jahren aus verschiedenen Gründen nicht bewerkstelligen konnte, Hate Speech zu beseitigen. Inwieweit internationale Konventionen Anwendung auf japanische Gesetze finden, spielt hierbei ebenso eine Rolle wie ein Verständnis von der japanischen Verfassung. Das neue Gesetz zur Bekämpfung von Hassreden in Japan soll vor diesem Hintergrund untersucht und hierbei auf Effektivität geprüft werden.

2 Rassismus in Japan

Der japanische Staat und ein nicht unerheblicher Teil seiner Bevölkerung standen fremden Ländern, deren Bewohnern und Kulturen schon in der Vergangenheit häufig mit Skepsis gegenüber. Die Bereicherung durch ausländisches Wissen, Kultur und zwischenstaatlichen Handel wurde zwar befürwortet, doch die Angst vor einem Übergriff durch das Fremde ist auch bis heute nicht vergangen. Die japanische Gesellschaft befand und befindet sich somit auch heute noch in einem Zwiespalt zwischen dem Streben nach Verbesserung und Bereicherung durch äußeren Einfluss und gleichzeitiger Furcht vor dessen Überfluss.[2]

2.1 Der Homogenitätsgedanke

Aufgrund seiner Insellage und der weitgehenden Abschottung des Landes von der Außenwelt im handelswirtschaftlichen, politischen und kulturellen Sinne während der Tokugawa-Zeit zwischen 1603 und 1868 konnte sich das Bild Japans als rein homogene Gesellschaft festigen.[3] Das Konzept eines homogenen und außerordentlich einzigartigen Staates trägt immer noch zum weit verbreiteten Eindruck bei, man habe es mit einem Land zu tun, welches ausschließlich aus japanischen Staatsbürgern und einem nicht erwähnenswerten Ausländeranteil bestünde. *Nihonjinron*, sogenannte „Japaner-Diskurse", welche sich mit der Einzigartigkeit japanischer Identität und Kultur beschäftigten, scheinen daher auch in der heutigen Zeit noch ihren Beitrag zum Bild des einzigartigen, homogenen japanischen Staates beizutragen. Im Rahmen dieser Diskurse kam es auch zur Untersuchung des japanischen Begriffs *kokutai* (etwa „Nationalwesen"), welcher für eine Ideologie steht die Japan als biologisch homogene Gesellschaft bezeichnete. Mit dem Beginn der japanischen Kolonialherrschaft über Korea und Taiwan begann das Gerüst der Homogenität im japanischen Staat jedoch zusammenzufallen – die Ideologie von *kokutai* im Sinne einer einzigartigen, blutsabhängigen „Japanität" verlor somit einen Teil ihrer Begründetheit. Mit der Kapitulation Japans im Zweiten Weltkrieg, der hieraus resultierenden Souveränität ehemaliger Kolonialgebie-

---

[2]   J. BEHAGHEL, Die Rechtstellung von Ausländern in Japan, in: Zeitschrift für Japanisches Recht 4 (1997) 77.

[3]   D. ARUDO, Embedded Racism: Japan's Visible Minorities and Racial Discrimination (London 2015) 17.

te und der Rückkehr eines Großteils der Taiwanesen und Koreaner in ihre Heimat jedoch trat das Bild japanischer Rassenhomogenität erneut in Erscheinung.[4]

Selbst japanische Intellektuelle und politische Amtsträger haben in der Vergangenheit durch diverse Aussagen zu einer Festigung dieses Selbstbildes beigetragen.[5] So wurde der damalige Außenminister Asō im Jahre 2005 aufgrund einer Rede kritisiert, in welcher er Japan als einen nur aus einer einzigen Kultur und Rasse bestehenden Staat beschrieb und behauptete, dass kein anderer Staat diese außergewöhnliche Eigenschaft vorweisen könne. Bereits zwei Jahrzehnte zuvor, im Jahre 1986, hatte der damalige Premierminister Nakasone durch eine ähnliche Bemerkung für Aufsehen gesorgt, in welcher Japan von ihm als „homogener Staat" bezeichnet worden war.[6] Forscher zeigen sich besorgt über den Einfluss des Konzepts mono-rassischer „Japanität" auf das Selbstbild der japanischen Allgemeinheit. Als ausgrenzendes Konzept kann dieses Selbstbild zum einen zur Diskriminierung von Minderheiten beitragen und zum anderen zu einem als selbstverständlich akzeptiertem Desinteresse an der Auseinandersetzung mit Multikulturalismus führen.[7]

Diese Abgrenzung von Japanern gegenüber Ausländern findet sich unter anderem auch in der Tendenz begründet, die „In-Group" von der „Out-Group" abgrenzen zu wollen. Das Konzept von *uchi* und *soto*,[8] mit *kokutai* und *nihonjinron* zusammenhängend, findet im vorliegenden Fall Anwendung auf ethnische Minderheiten, welchen als *soto* eher mit Gleichgültigkeit als Interesse begegnet wird.[9] Diese Sichtweise auf Ausländer, welche deren Zugehörigkeit zur „Out-Group" wie selbstverständlich akzeptiert, bestärkt die Annahme, dass eine Akzeptanz von Personen fremder Länder überhaupt angestrebt wird.[10] Aus diesem Grund

---

4   M. KO, Nihonjinron: The ideology of Japaneseness, in: Ko [Hrsg.], Japanese Cinema and Otherness: Nationalism, Multiculturalism and the Problem of Japaneseness (London u.a. 2010) 11ff.

5   R. SIDDLE, Race, ethnicity, and minorities in modern Japan, in: Bestor / Bestor / Yamagata [Hrsg.], Routledge Handbook of Japanese Culture and Society (Oxon u.a. 2011) 150.

6   „Aso says Japan is nation of 'one race'", The Japan Times, 18.10.2005.

7   L. REPETA, Law and society in Japan, in: Bestor / Bestor / Yamagata [Hrsg.], Routledge Handbook of Japanese Culture and Society (Oxon u.a. 2011) 80.

8   *Uchi* („innen") und *soto* („außen").

9   L. W. BEER, Human Rights Constitutionalism in Japan and Asia: The Writings of Lawrence W. Beer (Folkestone 2009) 139.

10   C. PENCE, Japanese Only: Xenophobic Exclusion in Japan's Private Sphere, in: International Law Review 101 (2007).

scheint es auch nicht überraschend, dass sich Japan in der Vergangenheit trotz des Beitritts zu internationalen Menschenrechtsverträgen gegen die Aufnahme von Flüchtlingen gewehrt und diese Weigerung mit seiner unzureichenden Erfahrung in solchen Angelegenheiten begründet hat. Nicht selten kam es zur Ablehnung von Anträgen auf die Anerkennung des Flüchtlingsstatus, obwohl betreffende Personen von internationalen Organisationen den Status anerkannt bekommen hatten.[11]

Zwar kann Japan im Vergleich zu anderen OECD-Staaten viel weniger Rassenvielfalt vorweisen,[12] als „reinrassige" Nation ist es jedoch auf keinen Fall zu bezeichnen. Laut einer Statistik des japanischen Innenministeriums waren im Jahr 2014 etwa zwei Millionen ausländische Staatsangehörige in Japan ansässig.[13] Die Anzahl von den zu ethnischen Minderheiten gehörenden Personen – welche nach einem Naturalisierungsprozess theoretisch auch japanische Staatsangehörige sein können – kann sogar auf drei bis sechs Millionen geschätzt werden. Oftmals sind die Angehörigen solcher Minderheiten aufgrund ihrer kulturellen, sprachlichen und physischen Ähnlichkeit kaum von Japanern zu unterscheiden.[14] Dieser Zustand bewahrt sie allerdings nicht davor, Opfer von Diskriminierung verschiedensten Ausmaßes zu werden.[15]

Bereits im Jahre 2005 gab UN-Sonderberichterstatter Diène bekannt, dass Rassismus in Japan seinen Beobachtungen zufolge ein tiefgründiges und umfangreiches Problem darstelle. Er konnte ein fehlendes Verständnis der Ernsthaftigkeit des Problems beobachten und riet Japan bereits damals zur Einführung eines Gesetzes gegen Diskriminierung.[16]

---

11 J. BEHAGHEL, Die Situation von Flüchtlingen in Japan, in: Zeitschrift für Japanisches Recht 6 (1998) 127, 137.

12 Y. TAKAO, Foreigners' Rights in Japan: Beneficiaries to Participants, in: Asian Survey 43 Nr. 3 (2003) 527.

13 STATISTICS BUREAU, „Foreign National Residents by Nationality 2000-2014".

14 SIDDLE (Fn. 5) 150, 152.

15 BEER (Fn. 9) 61.

16 UN ECONOMIC AND SOCIAL COUNCIL, E/CN.4/2006/16/Add.2.

2.2 „Embedded Racism"

Nicht nur Berichterstatter der Vereinten Nationen und internationale Menschen-
rechtsorganisationen beobachten seit Jahren rassendiskriminierende Situationen
und Institutionen in Japan. Arudou, vor seiner Annahme der japanischen Staatsbürgerschaft Aldwinckle, widmet sich der Bereitstellung von Informationen über
das Leben als Ausländer in Japan, Naturalisation und Assimilierung, aber auch
dem alltäglichen Rassismus, mit welchem Ausländer und ausländisch Aussehende
in Japan konfrontiert werden können. Er gilt des Weiteren nicht nur aufgrund seiner Involvierung im sogenannten „Otaru Onsen"-Fall als Anfechter der „Japanese
Only"-Politik im japanischen Alltag und hat sich als Aktivist und Autor in den
Themenbereichen Rassismus, Kultur und Politik in Japan einen Namen gemacht.
Auf seinem Blog diskutiert er aktuelle rassistisch geprägte Vorfälle, welche nach
japanischer Auffassung zumeist als selbstverständlich angesehen werden. Dieser
Umstand hat ihn dazu verleitet, das Phänomen des versteckten, oft unterschwelligen Rassismus Japans als „Embedded Racism" zu bezeichnen und ein gleichnami-
ges Buch zu veröffentlichen. Seine Ausarbeitung beschäftigt sich mit der tief verwurzelten, oft übersehenen und geduldeten Diskriminierung gegenüber Ausländern und Menschen mit „nicht-japanischem" Erscheinungsbild und deren Realisierung durch verschiedene Vorgehensweisen und Handlungen im Alltag Japans.[17]

Dass das japanische Selbstbild potentiell nationalistisch geprägt ist und Minderheiten wenig Beachtung zuteilwird, wurde bereits dargestellt. Doch was genau
verbirgt sich hinter dem Begriff „Embedded Racism"?

Das wohl sichtbarste Beispiel für diesen integrierten Rassismus sind wohl die
weit verbreiteten Schilder mit der Aufschrift „Japanese Only"[18], welche in und vor
einigen öffentlichen Geschäfte wie Bars, Badehäusern oder Einkaufsläden in Japan angebracht sind. Durch Fotonachweise, Regierungsinformationen, Medienbe-
richte und von Arudou durchgeführte Interviews mit Betroffenen konnte Ende
2010 von einer Anzahl von etwa 470 Einrichtungen ausgegangen werden, welche
den Zutritt oder die Dienstleistung ausdrücklich nur Ausländern verwehrt hat-

---

[17] Siehe http://www.debito.org.

[18] Auch *gaikokujin okotowari* („Ausländer verboten") oder Verbote spezifischer Ausländer-
gruppen sind gebräuchlich.

ten.[19] Ausgrenzende Personen und Geschäfte rechtfertigten sich zumeist durch eine angebliche Unfähigkeit von Ausländern, japanischen Regeln Folge zu leisten und zureichendes Japanisch zu sprechen. Darüber hinaus wurden gesundheitliche Bedenken, eine generelle Furcht vor Ausländern und Ausländerkriminalität, Kriegserinnerungen, persönliche Abneigung gegenüber bestimmten Rassen, Beibehaltung einer speziell japanischen Atmosphäre der Sicherheit und Ruhe oder gar die Behauptung, Ausländer würden den Zutritt zu den genannten Geschäften suchen, um Ärger stiften zu können, als Rechtfertigungsgründe genannt.[20] Ein Beispielfall der „Japanese Only"-Politik durch Einrichtungen soll im Verlauf dieser Ausarbeitung deutlicher beleuchtet werden.[21]

Wie kommt es jedoch zur Akzeptanz solchen Verhaltens seitens der Öffentlichkeit? In Japan weit verbreitet ist die Beschränkung der Einschätzung fremder Personen auf deren Äußeres, also beispielsweise auf deren Hautfarbe oder ein „japanisches" Aussehen. Eine helle Hautfarbe wird als rein und japanisch angesehen, was zur Ansicht führt, eine Person mit dunkler Hautfarbe könne selbst trotz japanischer Staatsbürgerschaft kein „echter", von der Gesellschaft akzeptierter Japaner sein. Die Ausgrenzung bezieht sich daher in fast allen Fällen auf die visuelle Identifizierung des Ausländers als Nicht-Japaner. Das fundamentale Problem scheint demnach der gesellschaftlichen Annahme geschuldet, dass das „Japanischsein" ausschließlich auf äußerlichen Faktoren beruhe – eine Person könne dementsprechend nur als Japaner behandelt werden, sofern ihr Äußeres ausschließlich japanische Merkmale aufweise.[22]

Doch nicht nur das Selbstverständnis für ausgrenzende Praktiken der Geschäfte zählt zum in der japanischen Gesellschaft verwurzelten Rassismus. Auch semantische Gegebenheiten deuten auf eine Ausschließung von Ausländern hin. In japanischen Rechtsschriften, der Politik und öffentlichen Ordnung werden Begriffe wie *wagakuni* („unser Land"), *wareware nipponjin* („wir Japaner") oder *kokumin* („Menschen der Nation", etwa „japanische Staatsbürger") verwendet. Alternativen, deren Bedeutung einen größeren Personenkreis umfassen, gibt es reichlich [23]

---

19 ARUDO (Fn. 3) 3, 38.

20 ARUDO (Fn. 3) 59f.

21 Siehe *„Otaru Onsen"*-Fall in Punkt 3.3.

22 ARUDO (Fn. 3) 7, 16, 37.

23 Etwa *shimin* („Bürger"), *jūmin* („Bewohner"), *hitobito* („Personen" im Allgemeinen) oder *ningen* („Mensch(en)").

– deren Verwendung wünscht man allem Anschein nach jedoch nicht. Der Einsatz von komplementären Begriffspaaren wie *kokumin* und *gaikokujin* („Ausländer") trägt seinen Beitrag zur fest verwurzelten Unterscheidung von Staatsbürgern und Ausländern bei. Die Japanische Verfassung selbst wird durch die Verwendung des Begriffs *kokumin* zur Plattform für unterschwelligen Rassismus. Die englische Originalversion des Artikels gegen Diskriminierung erklärt, dass alle Menschen gleich seien („[...] all of the people are equal [...]"). In der rechtskräftigen japanischen Version wurde jedoch der Begriff *kokumin* einer Alternative vorgezogen und somit rassischer Differenzierung Vorschub geleistet.[24]

Wie diese Umstände geduldet werden können, scheint unverständlich. Mittlerweile gilt es allerdings als offensichtlich, dass Rassismus in Japan als Grund für die Unterscheidung von Gruppen in eine dominante Mehrheit und entrechtete Minderheiten nicht offiziell anerkannt wird. Das bedeutet, dass an der Benachteiligung von Minderheiten aufgrund einer in der Gesellschaft weit verbreiteten rassistischen Denkweise gezweifelt wird.[25] Beispielhaft für die fehlende Anerkennung von Rassismus als einflussreiches Problem zeigte sich auch die Medienreaktion auf ein 2007 in Japan veröffentlichtes Magazin namens *„Kyōgaku no gaijin hanzai ura fairu"* („Shocking Secret Foreigner Crime File"), welches Ausländer als ausschließlich gefährlich und verbrecherisch darstellte. Durch aktiven Protest gelang es zwar Aktivisten, die Einstellung des Magazins zu bewirken. Die inländische Presse allerdings ignorierte damals gänzlich die mit dem Magazin verbundenen Probleme und Hintergründe. Die Inhalte des Magazins, welche Furcht und Abscheu gegenüber sämtlichen Ausländern schüren sollten, wurden als Hassrede kategorisiert; der alleinige Umstand, dass das Magazin seinen Weg in die Regale der Buchhandlungen finden konnte, war wohl fehlenden Vorschriften und der gesellschaftlichen Unfähigkeit geschuldet, auf eine solche Ausschreitung angemessen zu reagieren.[26]

Dass ein fehlendes Verständnis Japans für die Gefahr eines unterschwelligen Rassismus auch heute noch aktuell ist, zeigt ein Beispiel aus dem Sommer 2016. In

---

[24] D. ARUDO, „Embedded Racism" in Japan's Official Registry Systems: Towards a Japanese Critical Race Theory, in: International Journal of Asia Pacific Studies 10 Nr. 1 (2014) 63.

[25] ARUDO (Fn. 24) 49.

[26] D. ARUDO, Gaijin Hanzai Magazine and Hate Speech in Japan: The Newfound Power of Japan's International Residents, in: The Asia-Pacific Journal: Japan Focus 5 Nr. 3 (2007) 1, 14f.

Vorbereitung auf die Olympischen Spiele in vier Jahren in Tōkyō wandte sich die Polizei an die dort ansässigen Anbieter von privaten Schlafplätzen für Reisende mit der Bitte, die Polizei mit Informationen zu versorgen – um welche Informationen es sich genau handeln sollte, blieb ohne Erwähnung. Abbildungen von rassifizierten Comicfiguren, welche der Erscheinung nach europäische, afrikanische und mittelöstliche Personen darstellen gaben jedoch Aufschluss auf die Absicht der Polizei, Informationen über sich im Umkreis aufhaltende ausländische Reisende erhalten zu wollen. Auf Nachfrage gab die Polizei bekannt, es handle sich hierbei um eine Vorsichtsmaßnahme zur Bekämpfung „olympischen Terrorismus", und dass auch Ausländer auf dieser Grundlage einen sicheren und entspannten Aufenthalt genießen könnten. Das Schaffen eines Bildes des Ausländers als Terrorist, welches verallgemeinernd und verängstigend wirkte und wirkt, verdeutlicht das fehlende Verständnis japanischer Institutionen für die Problematik hinter „Embedded Racism". Arudou bezeichnet die japanische Gesellschaft aus diesen Gründen als immer noch nicht erwachsen genug um als Gastgeber für große internationale Veranstaltungen zu fungieren.[27]

Der wohl fatalste Fehler im Umgang mit Rassismus mag darin liegen, diesen nicht als ernstes Problem zu begreifen. Japan, welches lange Zeit von sich behauptete, keine Minderheiten zu beherbergen und in welchem allzu oft die Bezeichnung *jinshu sabetsu* („Rassendiskriminierung") als Bezugswort vermieden wurde,[28] sah sein Stillschweigen in der Vergangenheit oftmals durch fehlende nationale Bestimmungen zur Bekämpfung von Diskriminierung gerechtfertigt.[29] Die anfangs beschriebene „Japanese Only"-Kultur sieht sich hierin begründet. Der Ausschluss von Personen aufgrund ihrer äußeren Erscheinung war zu dieser Zeit in Japan nicht illegal, da kein zivil- oder strafrechtliches Gesetz Rassendiskriminierung verbot. Trotz der bereits erwähnten Bestimmung in der Japanischen Verfassung blieb Diskriminierung daher in Japan eine lange Zeit zwar verfassungswidrig, nicht jedoch sanktionsbewehrt.[30]

---

[27] D. ARUDO, „Shibuya Police asking local ‚minpaku' Airbnb renters to report their foreign lodgers ‚to avoid Olympic terrorism'. Comes with racialized illustrations", www.debito.org, 27.06.2016.

[28] So beispielsweise im später dargestellten „*Otaru Onsen*"-Fall.

[29] ARUDO (Fn. 3) 64.

[30] ARUDO (Fn. 3) 287.

2.3 Direkter Rassismus

Dass versteckter Rassismus und dessen Duldung in Japan aufgrund von Desinteresse und institutionellen Gewohnheiten nicht ungewöhnlich sind, wurde bereits dargestellt. In welcher Form sich dieser Rassismus jedoch auch auf direkte Weise äußert, soll im Folgenden dargelegt werden.

Die Bezeichnung *heitosupīchi* („Hassrede") wurde aus den sozialen Phänomenen des Jahres 2013 zu einem der bekanntesten Schlagwörter in Japan gewählt, was auf den dramatischen Anstieg rassendiskriminierender Demonstrationen und entsprechend Gegendemonstrationen zurückzuführen ist.[31]

Um auf die Angriffe rechtsorientierter japanischer Gruppen gegenüber Minderheiten näher einzugehen, muss zuerst eine Definition für den Begriff an sich gewählt werden. Im Allgemeinen wird unter dem Begriff „Hassrede" Hass in Form sprachlichen Ausdrucks gegenüber Personen oder Gruppen verstanden. Die in Hassrede verwendeten Ausdrücke dienen zumeist der Herabsetzung und Verunglimpfung bestimmter Bevölkerungsgruppen. In der Literatur wird Hassrede durch die Betrachtung verschiedener Aspekte definiert. Hierzu zählen sowohl die inhaltliche Komponente (Ausdruck von Hass, Verachtung oder Abwertung auf Grundlage vermeintlicher physischer oder psychischer Eigenschaften der adressierten Personen oder Gruppen) und intentionale Komponente (Absicht des Sprechers, seine Einstellung zu kommunizieren), als auch die Wirkungskomponente (Auslösen von Verachtung oder Hass durch Dritte auf bestimmte Personen oder Gruppen) und eine beleidigende Komponente (Bewirken eines Gefühls von Beleidigung oder Abstoßung bei angegriffenen Personen oder Gruppen). Hierbei gilt zu beachten, dass nicht die Kategorisierung von Personen oder Gruppen an sich Hassrede ausmacht, sondern der Ausdruck von Hass eben aufgrund der erfolgten Kategorisierung dieser Personen oder Gruppen. Neben dem rein mitteilenden Aspekt dient Hassrede durch die Eigenschaft, aufhetzend zu wirken, nicht selten der Vorbereitung von Gewaltanwendung.[32] Weitere Folgen von Hassrede sind die

---

[31] N. HIGUCHI, Nihongata haigaishugi: Zaitokukai, gaikokujin sansēken, higashi ajia chisēgaku (The Japanese-Model of Xenophobic Exclusionism: Zaitokukai, Resident Foreigner Enfranchisement and East Asian Geopolitics), in: Social Science Japan Journal 18 Nr. 2 (2015) 250.

[32] J. MEIBAUER, Hassrede – von der Sprache zur Politik, in: Jörg Meibauer [Hrsg.], Hassrede/Hate Speech: Interdisziplinäre Beiträge zu einer aktuellen Diskussion (Gießen 2013), 1f und J. SIRSCH, Die Regulierung von Hassrede in liberalen Demokratien, in: Jörg Meibauer

beabsichtigte Überzeugung Außenstehender von den in Hassrede dargestellten Ansichten und somit die Entstehung negativer Stereotypen, aber auch eine Herabsetzung der Hemmschwelle für hasserfüllte Aussagen und sogar Gewaltanwendung, wobei Hörer von Hassrede dazu verleitet werden, dieses Verhalten zu imitieren.[33]

Dem direkten Rassismus Japans eröffneten sich im letzten Jahrzehnt vermehrt Wege in die breite Öffentlichkeit. Auf Youtube und den japanischen Äquivalenten „Niconico" oder „PeeVee TV" begannen fremdenfeindliche Gruppen wie die *Zaitokukai* damit, ihre rassendiskriminierenden Äußerungen zu verbreiten. Neonationalistische und konservative Inhalte werden außerdem durch das japanische Fernseh- und Internetprogramm „Channel Sakura" veröffentlicht und verbreitet. Mitglieder verschiedener Kanäle und Foren gelten als Vertreter eines digitalen Nationalismus und werden daher als sogenannte *Netto uyoku* („Internet-Rechte") bezeichnet. Die abgekürzt als *Netto uyo* bezeichneten Mitglieder sind für eine xenophobe Haltung gegenüber Immigranten bekannt und vor allem Koreanern und Chinesen gegenüber negativ eingestellt. Auch widmen sie sich verstärkt einem Geschichtsrevisionismus, der die Kriegsverbrechen Japans im Zweiten Weltkrieg rechtfertigt und verherrlicht. Der Hauptumschlagplatz für die Verbreitung dieser Inhalte im Internet ist das Forum „2-chan", welches keine Registrierung der Mitglieder voraussetzt und durch die hierdurch gewonnene Anonymität dazu beiträgt, dass Forenmitglieder ihrem Hass und ihrer Xenophobie auf heftigste Weise Ausdruck verleihen können. Der Nationalismus der *Netto uyo* gegenüber Koreanern gilt als sehr aggressiv und hängt maßgeblich mit der Annahme eines gegenseitigen Hasses zwischen Japanern und Koreanern zusammen.[34]

2.3.1 *Zainichi*, Koreaphobie und *Zaitokukai*

Um die Hintergründe der xenophoben Haltung rechter Gruppierungen gegenüber Fremden und vor allem der koreanischen Minderheit zu beleuchten, soll zuerst ein kurzer Einblick in deren Entstehungsgeschichte gegeben werden.

[Hrsg.] Hassrede/Hate Speech: Interdisziplinäre Beiträge zu einer aktuellen Diskussion (Gießen 2013) 168.

[33] K. GELBER / L. J. McNAMARA, Evidencing the harms of hate speech, in: Social Identities 22 Nr. 3 (2016) 2.

[34] R. SAKAMOTO, „Koreans, Go Home!" Internet Nationalism in Contemporary Japan as a Digitally Mediated Subculture, in: The Asia-Pacific Journal: Japan 9 Nr. 10 (2011) 1, 3f, 7.

Als Korea im Jahre 1910 zur japanischen Kolonie erklärt wurde, stieg die Anzahl von sich in Japan aufhaltenden Koreanern von 200 vor der Annexion auf etwa zwei Millionen zum Ende des Zweiten Weltkrieges an. Im Zuge dieser Kolonialisierung wurde sämtlichen Bewohnern des Landes die japanische Staatsangehörigkeit zuerkannt – ob gewünscht oder nicht. Als Japan seine Kapitulation im Krieg bekanntgeben musste, führte dies auch zur Befreiung der japanischen Kolonien Taiwan und Korea. Aus rechtlicher Sicht blieben betroffene Personen noch bis 1952 japanische Staatsbürger, wurden jedoch von der Mehrheit der japanischen Bevölkerung abgegrenzt, indem man sie unter der 1947 Ausländerregistrierungsverordnung als Ausländer registrierte. Mit dem Friedensvertrag von San Francisco im Jahre 1952 wurden Japan offiziell jegliche Ansprüche an Korea entzogen, was jedoch für die Koreaner den Verlust der japanischen Staatsbürgerschaft bedeutete. Das folgende Ausländerregistrierungsgesetz sowie Einwanderungsgesetz sollten von nun an den Umgang mit den ehemaligen Staatsbürgern vorgeben. Um den Status wiederzuerlangen, wurde ein langwieriger Naturalisationsprozess notwendig und die ständige Furcht vor einer Deportation zum Alltag.[35]

Auch nach der 35-jährigen Kolonialherrschaft und der Zwangsassimilierung von Korea verstehen nicht unerheblich viele Japaner die Mitglieder der koreanischen Minderheit als Menschen zweiter Klasse.[36] Obwohl ein Großteil der Koreaner nicht freiwillig, sondern im Zuge der imperialistischen Bestrebungen Japans durch Zwangsrekrutierung und Zwangsarbeit übergesiedelt war, vertritt die japanische Regierung außerdem bis heute die Auffassung, dass die Friedensverträge von 1952 die Wiedergutmachung gegenüber den Betroffenen ausreichend gelöst hätten. Eine Untersuchung des japanischen Gesundheitsministeriums im Jahre 1990 gab an, dass von 240.000 zum aktiven und passiven Militärdienst gezwungenen Koreanern etwa 22.000 im Krieg gefallen sind.[37] Im Japan der Nachkriegszeit wurden Mitglieder der koreanischen Minderheit dennoch als potentielle Bedrohung für die öffentliche Ordnung und Sicherheit betrachtet. Zwar änderte sich

---

[35] M. WEINER / D. CHAPMAN, Zainichi Koreans in history and memory, in: Weiner [Hrsg.], Japan's Minorities: The Illusion of Homogeneity (Abingdon u.a. 2009) 172, 175f.

[36] „Sich verleugnen, sich selbst täuschen", Der Spiegel, 14.09.1981.

[37] M. OKADA, Klagen auf Wiedergutmachung und die staatliche Verantwortung für Menschenrechtsverletzungen: Fragen und Aufgaben für Japan, in: Zeitschrift für Japanisches Recht 14 (2002) 134.

diese Ansicht ab Mitte der 1970er Jahre und die sogenannten *Zainichi* gewannen nach und nach mehr rechtliche und institutionelle Rechte, doch vertreten einige Personen und Gruppierungen noch von vergangener Zeit beeinflusste Meinungen gegenüber der koreanischen Minderheit.[38]

Allen voran wird diese Ansicht von rechtsorientierten Gruppen geteilt und verbreitet. Die wohl bekanntesten Vertreter solcher Gesinnung sind *Shuken kaifuku o mezasu kai* („Verein zur Wiederherstellung der Souveränität") und die bereits erwähnten *Zainichi tokken o yurusanai shimin no kai* („Bürgervereinigung gegen die besonderen Privilegien der *Zainichi*", kurz *Zaitokukai*), welche 2006 und 2007 gegründet wurden. Beide Vereinigungen gehören zu einer rechtsgerichteten, nationalistischen, rassistisch-xenophoben und chauvinistischen Bewegung namens *Kōdō suru undō* (etwa „Handlungsbewegung" oder „handelnde Bewegung"), welche seit Mitte der 2000er Jahre Straßenaktionen und Hassreden gegenüber ethnischen Minderheiten, Ausländern und vermeintlich gefährlichen Ländern unternimmt. Die Bewegung und deren Mitglieder zählen aufgrund der Verbreitung ihrer Ansichten über das Internet auch zu den bereits erwähnten *Netto uyo*.[39] Da die Durchführung von Straßendemonstrationen und Hassreden gegenüber Koreanern in den letzten Jahren hauptsächlich Vertretern der *Zaitokukai* zuzuschreiben ist, soll diese Gruppierung im Folgenden stärker beleuchtet werden.

Die *Zaitokukai* wurden 2007 von Sakurai Makoto als Antwort auf eine wachsende Abneigung gegenüber der koreanischen Minderheit in Japan gegründet. Der 1991 beginnende Streit über die Zwangsrekrutierung von sogenannten „Trostfrauen" durch das japanische Militär, die Fußballweltmeisterschaft 2002 mit Japan und Südkorea als Gastgebern, der damit wachsende Absatz südkoreanischer Popkultur in Japan und die ständige Furcht vor einer Bedrohung durch Nordkorea und dessen verdeckte feindliche Aktivitäten trugen einen Großteil zur Entstehung einer koreaphobischen Einstellung bei. Als Nordkorea darüber hinaus noch Entführungen japanischer Bürger in der Vergangenheit zugab, stiegen verbale Angriffe auf Koreaner im Internet rasant an. Es folgte ein speziell gegen Koreaner gerichteter Manga sowie ein Buch mit dem Titel „*Zainichi tokken*" („Sonderrechte der *Zai-*

---

[38] Y. NOZAKI / H. INOKUCHI / T. KIM, Legal Categories, Demographic Change and Japan's Korean Residents in the Long Twentieth Century, in: The Asia-Pacific Journal: Japan Focus 4 Nr. 9 (2006) 9.

[39] T. YAMAGUCHI, Xenophobia in Action: Ultranationalism, Hate Speech, and the Internet in Japan, in: Radical History Review 117 (2013) 98f.

nichi"). Die *Zaitokukai* orientierten sich hieran und erklären seit jeher, dass ihr Ziel die Abschaffung der vermeintlich im Jahre 1991 eingeführten Privilegien im Rahmen des Sonderaufenthaltsrechts für *Zainichi* in Japan sei. Die Gruppe strebt eine „gleiche" Behandlung von *Zainichi* und anderen Ausländer an, wofür sie die Abschaffung der in ihren Augen bereitgestellten Privilegien für Koreaner als unabdingbar sieht.[40]

Obwohl ein Großteil der *Zainichi* und deren Vorfahren während der Kolonialzeit die japanische Staatsangehörigkeit erhalten hatten und sie ihnen wieder aberkannt wurde, sehen Gruppen wie *Zaitokukai* diese Personen ausschließlich als Ausländer an und erklären sie zum Hauptziel ihrer hasserfüllten Handlungen.[41] Ungeachtet dessen, dass *Zainichi* trotz der Erfüllung ihrer Bürgerpflichten wie beispielsweise der Zahlung von Steuern kein volles Wahlrecht genießen, ihr Leben oftmals mit mehreren Identitäten – einem japanischen und koreanischen Namen – führen und auf dem Arbeits- und Immobilienmarkt immer noch Diskriminierung erfahren, sehen die Mitglieder der *Zaitokukai* nicht davon ab, ihnen spezielle Privilegien nachzusagen.[42] Regelmäßig wird behauptet, *Zainichi* seien von Steuern befreit und könnten sechs Millionen Yen Sozialhilfe im Jahr erhalten, weshalb sie keiner Arbeit nachgehen müssten. Des Weiteren bestünde ein Privileg in der Nutzung japanischer Aliase, aufgrund derer Koreaner Verbrechen begehen könnten, ohne die Veröffentlichung ihres echten Namens befürchten zu müssen. Hiermit hängt auch die Behauptung zusammen, die Kriminalitätsrate koreanischer Bürger sei überdurchschnittlich hoch. Bis auf den Umstand, dass in der Vergangenheit japanischen Namen zur Eröffnung von Bankkonten und zur Durchführung illegaler Transaktionen verwendet worden sind, konnte jedoch keine dieser Beschuldigungen bewiesen werden. Inwiefern die Durchführung einer Straftat jedoch als Privileg gewertet werden kann, sei dahingestellt.[43]

Von den *Zaitokukai* wird des Weiteren kritisiert, dass Kommunen ansässige nordkoreanische Schulen bezuschussen, deren Lehrpläne gezielt anti-japanisch ausgerichtet seien. Die Behauptungen der Gruppierung bewegen sich alle vor der An-

---

[40] YAMAGUCHI (Fn. 39) 101ff.

[41] HIGUCHI (Fn. 31) 250.

[42] L. LEWERICH, Zainichi-Korian – Die koreanische Minderheit in Japan, 4. Deutsch-Japanisch-Koreanisches Stipendiatenseminar (Japanisch-Deutsches Zentrum Berlin 2010) 124f.

[43] K. ITO, Anti-Korean Sentiment and Hate Speech in the Current Japan: A Report from the Street, in: Procedia Environmental Sciences 20 (2014) 436.

nahme, dass bestimmte Privilegien für Koreaner im gleichen Zuge einen Nachteil für Japaner bedeuten. Ihr Appell richtet sich daher an das Solidaritätsgefühl der japanischen Bevölkerung im Sinne von *uchi und soto*.[44] Die Aussagen und Behauptungen der *Zaitokukai* finden sich zum einen im zuvor erwähnten Geschichtsrevisionismus begründet, zum anderen jedoch vor allem mit einer Auffassung verbunden, welche den japanischen Bürger als Opfer der koreanischen Minderheit versteht.[45]

2.3.2 Hassrede gegenüber der koreanischen Minderheit

Im Zusammenspiel mit extremen Beleidigungen werden die von den *Zaitokukai* aufgestellten Behauptungen vor allem über das Internet, jedoch auch im Rahmen von Straßendemonstrationen verbreitet. Die erste stark aufsehenerregende antikoreanische Aktion der Gruppierung fand im Dezember 2009 an einer pro-nordkoreanischen Grundschule in Kyōto statt. Teilnehmer bedrohten nicht nur die Schule, sich dort aufhaltende Personen und Koreaner im Allgemeinen mit einschüchternden, diskriminierenden und ausfallenden Bezeichnungen, sondern beschädigten auch willentlich Schuleigentum. Der Angriff wurde gefilmt und die Aufnahme im Internet veröffentlicht. Obwohl die Schule im Rahmen einer Strafanzeige gegen die *Zaitokukai* ein Verbot der diffamierenden und beleidigenden Handlungen bewirken konnte, führte die Gruppierung im Januar 2010 erneut eine Demonstration am selben Ort durch. Im Januar 2011 hielt der Vizepräsident der *Zaitokukai* vor dem Suiheisha Geschichtsmuseum in Nara aufgrund einer Ausstellung über die Kolonialherrschaft Japans eine Hassrede gegen *Burakumin* und Koreaner, welche gefilmt und im Internet veröffentlicht wurde. Das Video wurde später auf Grundlage einer Zivilklage wegen Diffamierung durch die Webseite entfernt.[46] Seit 2012 wurde vermehrt von antikoreanischen Demonstrationen in Shin-Okubo, dem Koreatown Tōkyōs, berichtet. Etwa 500 Teilnehmer marschierten mit der japanischen Militärflagge durch die von koreanischen Geschäften durchzogenen Straßen, um die dort ansässigen Koreaner einzuschüchtern und zu bedrohen.[47] Im Januar 2013 organisierten die *Zaitokukai* eine Demonstration in

---

[44] D. SHIBUICHI, Zaitokukai and the Problem with Hate Groups in Japan, in: Asian Survey 55 Nr. 4 (2015) 720ff.

[45] ITO (Fn. 43) 440.

[46] IMADR JAPAN COMMITTEE, Rise of Hate Speech in Japan, in: FOCUS 74 (2013).

[47] „Nationalists converge on Shin-Okubo's Koreatown", Japan Today, 18.11.2012.

Shin-Okubo, nach deren Abschluss einige Mitglieder einen Rundgang durch das Viertel unternahmen, um Geschäfte und Restaurants zu belästigen. Diese Ausschreitungen führten dazu, dass sich erstmals Rassismusgegner zu einer Gruppe namens *Reishisuto o shibakitai* zusammenschlossen, um während und nach antikoreanischen Demonstrationen für die Sicherheit der Geschäfte und Menschen zu sorgen.[48] Beim Aufeinandertreffen von *Zaitokukai* und ihren Gegnern kam es bereits zu Ausschreitungen und sogar Verhaftungen.[49] In Ōsaka kam es im Februar 2013 zu einer Demonstration in einer zum Großteil von Koreanern bewohnten Nachbarschaft. Ein damals 14-jähriges Mädchen verleumdete und beleidigte mittels eines Lautsprechers koreanische Bürger und drohte mit der Durchführung eines Massakers. Anwesende Mitglieder der *Zaitokukai* feuerten die Verleumdungen und Drohungen an und auch dieser Vorfall wurde gefilmt und im Internet der Öffentlichkeit zugänglich gemacht.[50] Der Aufruf zum Massenmord an Koreanern, der Vergleich Selbiger mit Insekten und der Vorwurf nordkoreanischer Spionage sind nur wenige Beispiele für die Aussagen während antikoreanischen Demonstrationen.[51]

Nicht nur dienen die diskriminierenden Aussagen der *Zaitokukai* zur Einschüchterung und Aufhetzung, haben also psychologische Wirkung für Beteiligte und Betroffene, sie beeinflussen auch die Geschäfte in den von Demonstrationen heimgesuchten Vierteln in negativer Weise. Wiederholt wurde vom langfristigen Rückgang des Kundenstroms in Shin-Okubo berichtet.[52]

---

[48] D. SHIBUICHI, The Struggle Against Hate Groups in Japan: The Invisible Civil Society, Leftist Elites and Anti-Racism Groups, in: Social Science Japan Journal 19 Nr. 1 (2016) 76.

[49] T. OSAKI, Anti-Korean rally in Shin-Okubo turns ugly; several suspects held, in: The Japan Times, 18.06.2013.

[50] IMADR JAPAN COMMITTEE (Fn 46).

[51] M. PENNEY, „Racists Go Home!", „Go Crawl Back to the Net!" – Anti-Racism Protestors Confront the Zaitokukai, in: The Asia-Pacific Journal: Japan Focus.

[52] D. SATO, Rallies dent business in Koreatown – Shin-Okubo shop owners report sales drop of around 30 percent from right-wing rants, in: The Japan Times, 04.08.2013.

3 Rechtliche Rahmenbedingungen bis 2016

Nach einem Einblick in die Aktivitäten der *Zaitokukai* stellt sich nun die Frage, wie sich ein solches Problem innerhalb der japanischen Gesellschaft entwickeln konnte. Eine Erklärung liegt wohl in der generell zurückhaltenden Haltung der Politik, das Problem als solches anzuerkennen und auf dessen Beseitigung hinzuarbeiten. Es wurde bereits dargestellt, dass es in der Vergangenheit zu diskriminierenden Aussagen von Amtsträgern gekommen ist. Premierminister Abe hatte sich in der Vergangenheit nicht ausdrücklich gegen Hassrede ausgesprochen, das Problem lediglich als „bedauernswert" beschrieben.[53] Ebenso drückten einige Politiker zwar Besorgnis aus, schienen in der Vergangenheit jedoch nicht bemüht, rechtliche Maßnahmen gegen Demonstranten einzuleiten.[54] Dieser Zustand galt als einer der Gründe für das jahrzehntelange Fehlen eines rechtlichen Rahmens zur Bekämpfung von Rassendiskriminierung. Zwar waren Bedrohung und Verleumdung schon lange durch japanische Gesetze abgedeckt, auf Hassrede gegenüber Gruppen waren diese Bestimmungen jedoch nicht anwendbar.[55] Ebenso wird Diffamierung im japanischen Recht unter Strafe gestellt, aufgrund des Wortlautes finden die Bestimmungen des Art. 230 JStGB jedoch nicht auf Hassrede gegenüber Gruppen Anwendung.[56] Aufgrund eines polizeilichen Genehmigungsverfahrens für Demonstrationen, welches auch Gruppen wie *Zaitokukai* durchlaufen, entstand möglicherweise über die Jahre auch der Eindruck, Inhalte genehmigter Demonstrationen seien legal.[57]

Wie Betroffene und japanische Gerichte trotz fehlender Gesetze gegen Rassendiskriminierung vorgegangen sind, soll im Folgenden dargestellt werden. Hierzu soll jedoch zuerst ein Einblick in die nationalen und internationalen Bestimmungen,

---

[53]   M. AOKI, DPJ chief assails Abe over rise in far-right hate speech, in: The Japan Times, 30.09.2014.

[54]   E. JOHNSTON, Politicians silent on curbing hate speech – Reining in anti-foreigner tirades a nonstarter in Diet, in: The Japan Times, 10.07.2013.

[55]   K. O. MRABURE, Counteracting Hate Speech and the Right to Freedom of Expression in Selected Jurisdictions, in: Nnamdi Azikiwe University Journal of International Law and Jurisprudence 7 (2016) 165.

[56]   *Keihō*, Gesetz Nr. 45/1907 i. d. F. des Gesetzes Nr. 54/2007; engl. Übersetzung über: Japanese Law Translation.

[57]   L. W. BEER, Freedom of expression in Japan: a study in comparative law, politics and society (Tōkyō u.a. 1984) 171f.

welche für die Anwendung auf Fälle von Rassendiskriminierung in Japan in Frage kommen, gegeben werden.

3.1 Nationale Gesetzgebung

Art. 14 JV erklärt die Gleichheit aller Personen und verbietet Diskriminierung wegen Rasse, Religion, sozialem Status oder Herkunft.[58] Wie bereits erwähnt, entschied sich die Regierung für die Verwendung des japanischen Begriffes für Staatsbürger, statt für den Begriff „alle Personen". Eine bedeutende Entscheidung des Obersten Gerichtshofes von 1964 kam jedoch zum Schluss, dass die Bestimmungen des Art. 14 JV im Sinne von Art. 7 der Allgemeinen Erklärung der Menschenrechte analog auf Ausländer anzuwenden seien.[59]

Eine vermeintlich diskriminierende Handlung gegenüber einer anderen Person kann im Rahmen der Art. 709 und 710 JBGB einen Schadensersatzanspruch gegenüber der diskriminierenden Person begründen. Hierbei können sowohl physische als auch psychische Schäden an Leib, Seele oder Eigentum schadensberechtigt sein. Eine Auslegung in Fällen, in denen eine ganze Personengruppe angegriffen wird, scheint jedoch aufgrund des Wortlautes ausgeschlossen.[60]

Im nationalen Rahmen waren die genannten Artikel bis vor kurzem die einzige gesetzliche Grundlage in Fällen von Diskriminierung. Dennoch waren Kläger in der Vergangenheit durch die unzureichenden Strafbestimmungen in der japanischen Gesetzgebung auch auf die Bestimmungen auf internationaler Ebene angewiesen, denn ein Gesetz gegen Diskriminierung gab es zu diesem Zeitpunkt nicht.[61]

---

[58] *Nihonkoku kenpō*, Japanische Verfassung von 1946, dt. Übersetzung in: Eisenhardt / Leser / Ishibe / Isomura / Kitagawa / Murakami / Marutschke [Hrsg.], Japanische Entscheidungen zum Verfassungsrecht in deutscher Sprache.

[59] Y. IWASAWA, International law, human rights and Japanese law: the impact of international law on Japanese law (Oxford 1998) 85.

[60] *Minpō*, Gesetz Nr. 89/1896 i. d. F. des Gesetzes Nr. 78/2006; dt. Übersetzung in: Kaiser [Übers.], Das japanische Zivilgesetzbuch in deutscher Sprache.

[61] PENCE (Fn. 10) 102.

3.2 Internationale Konventionen

Japan ist Mitglied einer Vielzahl von internationalen Konventionen. Das Internationale Übereinkommen zur Beseitigung jeder Form von Rassendiskriminierung (ICERD) wurde von Japan im Jahre 1995 ratifiziert.[62] Die Konvention verpflichtet in Art. 2 (d) und (e) alle Mitgliedsstaaten dazu, Rassendiskriminierung durch Personen, Gruppen und Organisationen mit allen zur Verfügung stehenden Mitteln zu verbieten und zu verhindern. Hierzu gehört auch eine den Umständen entsprechende Einführung von Rechtsvorschriften zur Bekämpfung von Diskriminierung.[63] Ein Teil der Bestimmungen von Art. 4 wurde von Japan jedoch mit Reservierungen belegt. In den Paragraphen (a) und (b) werden die Mitgliedsstaaten dazu verpflichtet, die Verbreitung rassendiskriminierenden Gedankenguts gesetzlich unter Strafe zu stellen sowie diskriminierungsfördernde Organisationen und Propaganda zu verbieten. Japan gab an, durch die Reservierungen eine ungewollte Einschränkung der Meinungs- und Vereinigungsfreiheit ausschließen zu wollen und sei daher nur zur Einhaltung der Bestimmungen bereit, falls diese nicht mit den genannten Freiheiten im Konflikt stünden.[64]

Neben der Rassendiskriminierungskonvention wurde im Jahre 1979 auch der Internationale Pakt über bürgerliche und politische Rechte (ICCPR) von Japan ratifiziert und vorbehaltlos akzeptiert.[65] In Art. 26 ICCPR wird die Gleichheit aller Individuen vor dem Gesetz vorgegeben und darauf hingewiesen, dass das Gesetz des jeweiligen Mitgliedsstaates jede Diskriminierung verbieten und allen Menschen wirksamen Schutz gegen Diskriminierung gewährleisten muss.[66]

---

[62] THE OFFICE OF THE UNITED NATIONS HIGH COMMISSIONER FOR HUMAN RIGHTS, „Status of Ratification Interactive Dashboard".

[63] Internationales Übereinkommen zur Beseitigung jeder Form von Rassendiskriminierung (ICERD) vom 07.03.1966.

[64] THE OFFICE OF THE UNITED NATIONS HIGH COMMISSIONER FOR HUMAN RIGHTS" (Fn. 62).

[65] THE OFFICE OF THE UNITED NATIONS HIGH COMMISSIONER FOR HUMAN RIGHTS (Fn. 62).

[66] Internationaler Pakt über bürgerliche und politische Rechte (ICCPR) vom 19.12.1966.

3.3 Rechtsanwendung zwischen Verfassung und Konventionen

Um Fälle von Rassendiskriminierung trotz des fehlenden Antidiskriminierungsgesetzes vor Gericht lösen zu können, bedienten sich japanische Gerichte in der Vergangenheit zumeist der Bestimmungen der Verfassung als auch der Artikel der genannten Konventionen. Zwei für dieses Vorgehen beispielhafte Fälle sollen im Folgenden dargestellt werden.

Im November 2002 entschied das Distriktgericht Sapporo im *„Otaru Onsen"*-Fall für den Kläger Arudou, welchem in der Vergangenheit wiederholt durch das Yunohana-Badehaus der Zutritt aufgrund seiner nicht-japanischen Erscheinung verboten worden war. Arudou erhielt eine Million Yen Schadensersatz – ein beträchtlicher Betrag angesichts der Tatsache, dass zu diesem Zeitpunkt kein Gesetz gegen Diskriminierung im privaten Rahmen bestanden hat. Das Gericht begründete die Entscheidung in dem Verstoß gegen Art. 14 JV, Art. 5 (f) und 6 ICERD[67] sowie Art. 26 ICCPR. Zwar finden genannte Artikel nicht direkt Anwendung auf die Beziehung zwischen privaten Parteien, doch das Gericht kam zum Schluss, dass eine private Handlung welche das Gleichheitsrecht einer Person verletzt, die Anwendung der genannten Bestimmungen begründen kann. Da Art. 1 und 90 JBGB grundsätzlich Privatautonomie regulieren und Individuen vor der Verletzung ihrer Grundrechte und Gleichheit schützen, wurden die Artikel der Japanischen Verfassung, des ICCPR und ICERD durch das Gericht als Interpretationsstandard im Zusammenspiel mit den Bestimmungen des vorhandenen Privatrechts angewandt.[68]

Zuvor erwähnte Angriffe der *Zaitokukai* auf die nordkoreanische Grundschule führten zu einer Verhandlung vor dem Distriktgericht Kyōto, welche im Oktober 2013 zugunsten des Klägers entschieden wurde. Das Gericht nutzte in diesem Fall die Art. 1 (1), 2 (1) und 6 ICERD als Interpretationsstandard um einen Schadensersatzanspruch der Schule gemäß Art. 709 JBGB zu begründen.[69]

---

[67] Art. 5 (f) ICERD garantiert jeder Personen das Zutrittsrecht zu jedem Ort und jeder Dienstleistung. Art. 6 ICERD gesteht jeder Person das Recht zu, bei Diskriminierung Schadensersatzansprüche geltend zu machen.

[68] DG Sapporo v. 11.11.2002, in: Asian-Pacific Law & Policy Journal 9 Nr. 297 (2007) 299–318.

[69] DG Kyōto v. 07.10.2013, in: Japanese yearbook of international law 57 (2014) 7.

Diese Art der wechselbezüglichen Anwendung von gesetzlichen Bestimmungen ist dem Zustand verpflichtet, dass sowohl die allgemeinen, nicht auf private Beziehungen anwendbaren Vorschriften der Konventionen und der Verfassung als auch spezielle Bestimmungen des japanischen Zivilgesetzes wohl nicht alleine auf solche Fälle anwendbar gewesen wären. So wurden die Artikel von ICERD, ICCPR und JV zur Definition des Diskriminierungsbegriffes herangezogen während Art. 709 JBGB die Voraussetzungen für einen Schadensersatzanspruch ohne speziellen Bezug auf Rassendiskriminierung begründet.[70]

Japanische Gerichte haben sich in Rassendiskriminierungsfällen zumeist für eine indirekte Anwendung von internationalen Menschenrechtsgesetzen ausgesprochen, welche im Einklang mit den Bestimmungen des spezifischen Privatrechts stattfinden solle.[71]

---

[70] T. WAKABAYASHI, Hate Speech and Legal Restrictions in Japan, in: Zeitschrift für Japanisches Recht 38 (2014) 254.

[71] T. WEBSTER, Reconstituting Japanese Law: International Norms and Domestic Litigation, in: Michigan Journal of International Law 30 Nr. 1 (2008) 239.

4 Hassrede als gesellschaftliches und rechtliches Problem unterinternationaler Beobachtung

Diese Vorgehensweise mag zwar in der Vergangenheit ihren Zweck erfüllt haben, wurde jedoch von internationaler Seite als nicht zureichend angesehen. Insbesondere die langjährige Ignoranz gegenüber der Notwendigkeit eines Gesetzes gegen Diskriminierung auf nationaler Ebene sorgte über viele Jahre hinweg für heftige Kritik. Im Jahre 2001 hatte der UN-Ausschuss für die Beseitigung der Rassendiskriminierung (CERD) bestätigt, dass ein Verbot von Hassrede nicht im Widerspruch zum Recht auf freie Meinungsäußerung stünde und somit der Ausarbeitung eines Gesetzes gegen Diskriminierung nichts entgegen spräche, also auch die Vorbehalte Japans bezüglich Art. 4 ICERD nicht notwendig seien. Zwar verzeichnete Japan in den folgenden Jahren einige Fortschritte im Bereich der Rassendiskriminierung, doch zur Einführung des geforderten Gesetzes kam es nicht.[72] Der zuvor erwähnte UN-Berichterstatter Diène hatte das japanische Justizministerium bereits im Jahre 2006 in seinem Bericht zur Einführung eines Antidiskriminierungsgesetzes aufgefordert.[73] In den Schlussbemerkungen des CERD-Berichtes bezüglich Rassendiskriminierung in Japan sah man sich im Jahre 2014 immer noch dazu gezwungen, auf genannte Gesetzeseinführung hin zu drängen. Eine spezifische und umfassende Rechtsvorschrift gegen sowohl direkte als auch indirekte Rassendiskriminierung solle im Einklang mit den Artikeln 1 und 2 der Japanischen Verfassung entwickelt werden, um Opfern von Rassendiskriminierung eine angemessene Rechtshilfe zu ermöglichen.[74] Auch während der UN-Konferenz 2014 in Genf wurde seitens einiger Mitglieder Druck auf Japan ausgeübt.[75] Zahlreiche gemeinnützige Organisationen forderten das japanische Justizministerium zum Handeln auf und appellierten an die sich aus den ratifizierten Konventionen ergebenden Pflichten Japans.[76]

Eine lange Zeit sprach sich Japan jedoch trotz innerem sowie äußerem Druck gegen die Einführung der geforderten Rechtsvorschriften im Sinne des

---

72 „Japan faces U.N. racism criticism", The Japan Times, 26.02.2010.

73 UN ECONOMIC AND SOCIAL COUNCIL (Fn. 16) 10.

74 UN ICERD, CERD/C/JPN/CO/7-9, 26.09.2014, 2f.

75 „Japan urged to regulate hate speech by law at U.N. meeting", The Japan Times, 21.08.2014.

76 NGO NETWORK FOR THE ELIMINATION OF RACIAL DISCRIMINATION IN JAPAN, „The issue of Hate Speech in relation to Article 4 (a) and (b) of ICERD and Indications of Systematic and Massive Racial Discrimination in Japan that may lead to Conflict and Genocide", 91.

Art. 4 ICERD aus. Diese Tatsache mag zum einen darin begründet liegen, dass Japan, wie zuvor dargestellt, von einer grundlegenden Ignoranz gegenüber Rassendiskriminierung als menschenverachtende Handlung geprägt war und teilweise noch ist. Das Recht auf freie Meinungsäußerung stellt in Japan eines der wichtigsten Grundrechte dar und wird in Art. 21 JV garantiert. Die Meinungsfreiheit genießt in Japan einen weitaus höheren Stellenwert als beispielsweise wirtschaftliche Freiheit und wird in Demokratien als schützenswertes Gut und fundamentales Menschenrecht anerkannt. Was aber, wenn eine Person oder Gruppe dieser Meinungsfreiheit missbraucht, um andere demokratische Werte zu leugnen? Hassrede schafft ein undemokratisches Umfeld, wenn sie das Recht auf Gleichberechtigung verneint. Die Problematik, welcher sich Japan jahrelang ausgesetzt sah, liegt also in der Frage, ob die Meinungsfreiheit dafür verwendet werden kann und darf, andere Grundrechte zu leugnen. Das würde bedeuten, dass eine demokratische Gesellschaft es schlichtweg hinnehmen muss, wenn gänzlich undemokratische Überzeugungen in der Gesellschaft ausgedrückt und verbreitet werden.[77]

Freie Meinungsäußerung wird grundsätzlich als unentbehrliche Voraussetzung für den Erhalt der Menschenwürde angesehen. Im Allgemeinen wird angenommen, dass sie die am einfachsten zu verletzende Freiheit gegenüber willkürlicher Einschränkung darstellt, da ein Staat leicht dazu verleitet werden kann, Regierungskritik zu beschränken.[78]

Es ist dieser Problematik geschuldet, dass die japanische Regierung den Forderungen jahrzehntelang nicht nachkam, jedoch auch der eher zurückhaltenden Politik der letzten Jahre.[79] Ein wichtiger Punkt darf jedoch nicht außer Acht gelassen werden. An den aufgeführten Gerichtsentscheidungen und weiteren Fällen des letzten Jahrzehnts wird deutlich, dass die japanische Justiz der Rassendiskriminierung nicht machtlos gegenüber stehen musste, sondern sich der Bestimmungen des nationalen und internationalen Rechts zu bedienen wusste. Trotz alledem ist nicht garantiert, dass jeder Richter der Heranziehung internationaler Konventionen zugeneigt ist und ebenso wenig, dass jedes Opfer von Rassendiskriminierung sich vor dem Hintergrund dieser Unsicherheit zur Einreichung einer Klage

---

[77] WAKABAYASHI (Fn. 70) 261.

[78] S. MATSUI, The Constitution of Japan: A Contextual Analysis (Oxford u.a. 2011) 196.

[79] IMADR JAPAN COMMITTEE (Fn. 46).

entscheidet. ICERD als Interpretationsstandard mag eine Lösung für den Beginn darstellen, doch die Bestimmungen der Konvention zur Einführung eines Antidiskriminierungsgesetzes können nicht für immer ignoriert werden – denn um Hassrede zu bekämpfen wird ein Gesetz gegen Diskriminierung im privatrechtlichen Reich benötigt. Die Bestimmungen der Japanischen Verfassung sollen den Einzelnen lediglich vor staatlichen Eingriffen schützen.[80] Die Anwendung von strafrechtlichen Bestimmungen wird grundsätzlich nur als Ultima Ratio (letztmögliche Lösung) angewandt und die Bestrafung von Meinungsäußerungen wird in einer demokratischen Gesellschaft nicht geduldet. Völkerrechtlich betrachtet kann eine Ausnahme jedoch gerechtfertigt sein, wenn schützenswerte Allgemeininteressen verletzt werden. Inwiefern eine Interessenabwägung in diesem Fall erfolgreich sein kann, ist fraglich.[81] Des Weiteren stellt sich die Frage, ob durch die Duldung von Hassrede Schlimmeres verhindert werden kann. Im Sinne des „marketplace of ideas" kann vermutet werden, dass die Möglichkeit einer womöglich extremen Meinungsäußerung den Rednern als Ventil dienen und so schlimmere Ausschreitungen verhindern kann. Nach diesem Modell bilden sich verschiedene Meinungen im freien Spiel der Kräfte, bis sich letztendlich die richtige Ansicht durchsetzen kann. Ebenso wird hierdurch gewährleistet, dass eine vernünftige Auseinandersetzung mit radikalem Gedankengut erhalten bleiben kann. Dieser Gedanke findet sich auch in Diskussionen zum Verbot extremistischer Gruppen in Demokratien wieder.[82]

Die jahrelange Unentschlossenheit und hieraus folgende Untätigkeit der japanischen Regierung darf jedoch nicht darüber hinwegtäuschen, dass eine harsche Kritik von außen durchaus angebracht und wichtig gewesen ist. In einer Entscheidung des CERD aus dem Jahre 2005 wurden mit Bezug auf das „Übereinkommen über die Verhütung und Bestrafung von Völkermord" Indikatoren für die Bedrohung durch Völkermord festgesetzt. Dem Wortlaut der CERD-Entscheidung nach fungieren diese Indikatoren jedoch auch als Warnmarker für andere aus Rassendiskriminierung folgende Konflikte. Wie bereits dargestellt, kann Hassrede

---

[80] WEBSTER (Fn. 71) 244f.

[81] A. ZIMMER, Hate Speech im Völkerrecht: Rassendiskriminierende Äußerungen im Spannungsfeld zwischen Rassendiskriminierungsverbot und Meinungsfreiheit (Frankfurt 2001) 21.

[82] ZIMMER (Fn. 81) 109f.

eine Atmosphäre der Gesetzlosigkeit schaffen und rabiatere Gewaltanwendung vorbereiten.[83]

Von 15 der von CERD erarbeiteten Indikatoren waren im Falle Japans bereits zehn uneingeschränkt zu bestätigen.[84] Erst mit zunehmender Kritik, Antirassismus-Demonstrationen, der Einführung von Verordnungen gegen Hassrede in verein-zelten Städten und einer offiziellen Warnung des Justizministeriums gegenüber dem damaligen Präsidenten der *Zaitokukai* begann Japan vor allem in den letzten zwei Jahren, sich ernsthaft der Kritik anzunehmen und sich um eine Beseitigung des Problems zu bemühen.[85]

---

[83] UN ICERD, CERD/C/67/1, 14.10.2005.

[84] Siehe Anlage D.

[85] D. ARUDOU, Battles over history, the media and the message scar 2015, in: The Japan Times, 03.01.2016.

5 Die Anti-Hate Speech Kampagne

So verabschiedete die Präfektur Ōsaka im Januar 2016 eine lokal wirksame Verordnung gegen Hassrede und setzte somit ein klares Zeichen im Kampf gegen Diskriminierung.[86] Einen Monat später entfernten einige Internetplattformen auf Drängen des Justizministeriums das Video einer anti-koreanischen Demonstration der *Zaitokukai* im November 2009.[87] Auch auf der Straße regte sich vermehrt Widerstand in Form von friedlichen Gegendemonstrationen.[88] Der Entwurf eines landesweiten Gesetzes gegen Rassendiskriminierung der Koalitionsparteien *Iyūminshutō* (LDP) und *Kōmeitō* stand monatelang aus, da seitens der LDP eine Einschränkung der Meinungsfreiheit befürchtet wurde. Im April dieses Jahres konnte er letztendlich dem Oberhaus vorgelegt werden.[89] Die Oppositionsparteien hatten eine inkonsequente Wortwahl kritisiert und ihrerseits einen Gesetzesentwurf vorgelegt, welcher das völlige Verbot von Rassendiskriminierung forderte.[90] Im Gegensatz zum Entwurf der Koalitionsparteien wurde im Oppositionsentwurf auf die Verantwortung der Regierung im Umgang mit Hassrede verwiesen. Beide Entwürfe jedoch enthielten keine Strafbestimmungen bei Gesetzesbruch.[91] Zusätzlich wurde vom Justizministerium eine Kampagne unter dem Namen *Heitosupīchi yurusanai* („Hassrede aufhalten" oder „Hassrede stoppen") gestartet, welche die Bevölkerung sowohl durch Poster und Flyer in Printmedien als auch durch Werbung an Bahnhöfen, im Internet und Videos auf Internetplattformen auf die von Hassrede ausgehende Bedrohung aufmerksam machen soll. Auf der Internetseite des Justizministeriums werden Poster, Broschüren und die Forderungen des UN-Berichts sowie des CERD-Berichts gegenüber Japan aus dem Jahre 2014 zum Download angeboten. Im Laufe der Kampagne wurden der Text des zum 03. Juni 2016 in Kraft tretenden Gesetzes über die Förderung von Maßnahmen zur Beseitigung unbilliger diskriminierender Äußerungen und Behandlungen

---

[86]   D. ARUDOU, Osaka's move on hate speech should be just the first step, in: The Japan Times, 31.01.2016.

[87]   „Websites pull hate speech video upon Justice Ministry's request", The Asahi Shimbun, 15.02.2016.

[88]   „Silent protesters confront hate speech rally", The Asahi Shimbun, 07.03.2016.

[89]   H. KIM, Abe expresses regret over hate speech, in: The Korea Times, 14.01.2016.

[90]   „Editorial: Japan needs effective hate speech law to stamp out racist marches", The Mainichi, 11.04.2016.

[91]   „Anti-hate speech bills likely headed for Diet consideration", The Asahi Shimbun, 06.04.2016.

gegenüber nicht aus Japan stammenden Personen,[92] die zugehörigen ergänzenden Beschlüsse des Ober- und Unterhauses, Erklärungen des Justizministeriums zur Bedrohung durch Hassrede und Umfrageergebnisse zum Inhalt der Seite hinzugefügt.[93]

5.1 Das japanische Antidiskriminierungsgesetz von 2016

In der Präambel des japanischen Antidiskriminierungsgesetzes werden diskriminierende Äußerungen und Handlungen gegenüber Ausländern als Problem anerkannt, welches sowohl Betroffene und deren Angehörige zu Unrecht belastet als auch ein gesellschaftliches Problem darstellt. Aufgrund der Position Japans innerhalb der internationalen Gemeinschaft sei eine solche Situation nicht zu tolerieren, so der Gesetzestext. In dieser Aussage findet sich der Bezug zu der Kritik und den Empfehlungen aus dem Ausland und internationalen Berichten wieder. Man beabsichtige daher sowohl das Menschenrechtsverständnis innerhalb der Bevölkerung als auch Maßnahmen zur Bekämpfung von Rassendiskriminierung durch die Einführung ebendieses Gesetzes zu verstärken. Als Ziel und Zweck des Gesetzes wird die Darlegung der Grundprinzipien im Kampf gegen Diskriminierung und dementsprechenden Maßnahmen sowie die Klarstellung der staatlichen Verantwortlichkeit genannt. Unter der Bezeichnung „unbillige diskriminierende Äußerungen und Behandlungen gegenüber nicht aus Japan stammenden Personen" wird im Art. 2 JADG zum ersten Mal in der nationalen Gesetzgebung Japans der Begriff der Rassendiskriminierung definiert. Laut Definition fallen die Äußerung von Drohungen und erhebliche Beleidigungen gegenüber nicht aus Japan stammenden Personen mit dem Ziel zur Aufhetzung unter diese Bezeichnung, welche somit die zumeist in Hassrede geäußerten Bedrohungen und Beleidigungen in sich vereint. Die Mitarbeit der Bevölkerung zur Beseitigung von Rassendiskriminierung sowie die Verantwortlichkeit des Staates und der lokalen Gebietskörperschaften bei der Durchführung geeigneter Maßnahmen werden in folgenden Artikeln vorausgesetzt. Ferner werden im Gesetzestext eine angemessene Reaktion des japanischen Staates auf Beratungen aus dem Ausland, die Verbesserung der

---

[92] *„Honpō-gai shusshin-sha ni taisuru futōna sabetsu-teki gendō no kaishō ni muketa torikumi no suishin ni kansuru hōritsu"*, auch bekannt als *„Heitosupīchi taisaku-hō"* oder *„Heitosupīchi kaishō-hō"*, im Folgenden vereinfacht als „Japanisches Antidiskriminierungsgesetz" (kurz: JADG) bezeichnet.

[93] *„Heitosupīchi, yurusanai"*, *Hōmu-shō* (Justizministerium Japan).

Bildung hinsichtlich Diskriminierung sowie die durch den Staat und lokale Gebietskörperschaften durchzuführende Aufklärungsmaßnahmen in diesem Zusammenhang angekündigt. Strafzumessungen sind, wie bereits erwähnt, nicht Bestandteil des Gesetzes.[94]

Die ergänzenden Beschlüsse des Ober- sowie Unterhauses erkennen Rassendiskriminierung uneingeschränkt als dringliches Problem an. Ergänzend zu Art. 2 JADG weisen beide Beschlüsse darauf hin, dass eine rassendiskriminierende Handlung in keinem Falle erlaubt sei, auch wenn es sich bei den Betroffenen nicht um „nicht aus Japan stammende Personen" handle. Auf diesem Wege kann eine Auslegung des Gesetzes zuungunsten von aus Japan stammenden Personen sowie sich nicht legal in Japan aufhaltenden Personen verhindert werden.[95]

5.2 Problematik, Kritik, Potential

Die ergänzenden Beschlüsse des Ober- und Unterhauses sind als Reaktion auf eine bereits vorherrschende Kritik zu werten, welche die Wortwahl des Gesetzes aufgrund der Bezeichnung „[...]aus einem anderen Land oder einer anderen Region als Japan stammender Personen sowie deren Nachfahren, welche sich *rechtmäßig* in Japan aufhalten" als unangebracht einstuft. Dies ist zum einen der Annahme geschuldet, dass beispielsweise Ausländer ohne gültige Visa und Asylsuchende vom Schutzbereich des Gesetzes ausgeschlossen seien, zum anderen womöglich auch aufgrund des Umkehrschlusses, dass die explizite Nicht-Nennung von Personen japanischen Ursprungs im zu schützenden Personenbereich indiziere, dass Rassismus gegenüber Japanern erlaubt sei.[96]

Wie bereits dargestellt, sorgte auch die Problematik bezüglich einer möglichen Beschränkung der Meinungsfreiheit durch das Verbot von Hassrede bereits vor Einführung des japanischen Antidiskriminierungsgesetzes für Diskussionen. Die Abneigung gegenüber einer gesetzlichen Bestimmung zur Einschränkung von Ausdruck liegt teilweise in der Unterdrückung der Meinungsfreiheit durch die japanische Regierung vor und während des Zweiten Weltkrieges begründet. Einige befürchten nun, durch die Einführung des Gesetzes eine Tür für weiterführen-

---

[94] *Honpō-gai shusshin-sha ni taisuru futōna sabetsu-teki gendō no kaishō ni muketa torikumi no suishin ni kansuru hōritsu* (Japanisches Antidiskriminierungsgesetz), Gesetz Nr. 69/2016.

[95] Siehe Anlagen B und C.

[96] T. OSAKI, Diet passes Japan's first law to curb hate speech, in: The Japan Times, 24.05.2016.

de Meinungsbeschränkungen geöffnet zu haben.[97] Zwar findet eine solche Veränderung nicht unbedingt innerhalb kurzer Zeit statt, es bleibt jedoch zu beachten, dass sich ein solcher Freiheitsverlust sukzessive und oftmals unbeachtet weiterentwickeln kann.[98] Die Gefahr eines Missbrauchs des Strafrechts, welches als die schärfste Waffe des Staates gilt und daher nur als Ultima Ratio angewandt werden soll, wird daher von einigen Seiten befürchtet. Die Bestrafung einer Meinungsäußerung ist in Demokratien grundsätzlich unzulässig, kann jedoch gerechtfertigt sein, wenn schützenswerte Allgemeininteressen in Gefahr sind. Eine Interessenabwägung ist hierbei unausweichlich und wurde im vorliegenden Falle der Hassrede in Japan zugunsten der betroffenen Opfer entschieden.[99] Weiterhin nutzt diese Entscheidung die in den Art. 12 und 13 JV vorausgesetzte Wahrung des Gemeinwohls als zentralen Beschränkungspunkt der freien Meinungsäußerung.[100] Während der Einführung des Gesetzes wurde dennoch versucht, den Schutz der Meinungsfreiheit Rechnung zu respektieren. In Anbetracht der zu schützenden freien Meinungsäußerung wurden im Gesetzestext keine Strafklauseln festgelegt.[101]

Dieser Umstand wiederum sorgt für weitere Kritik am neuen Antidiskriminierungsgesetz. Experten halten das Gesetz aufgrund der fehlenden Strafbestimmungen für mangelhaft, nicht nur wegen der fehlenden, direkten Verbotsverkündung für Hassrede, sondern auch der nicht niedergeschriebenen Vorgehensweise für die Ahndung von Tätern.[102] Vergleichende Darstellungen für Japanisches Recht bezeichnen die Strafmaßnahmen in Japan im Vergleich zu anderen Systemen des Gewohnheits- und Zivilrechts generell als eher schwach ausgeprägt. So fehlt es beispielsweise dem japanischen Gesetz zur Sicherstellung der Berufschancengleichheit ebenso an prohibitiver Wortwahl wie dem neuen Antidiskriminierungsgesetz.[103]

---

[97] I. YAMAGUCHI, Beyond De Facto Freedom: Digital Transformation of Free Speech Theory in Japan, in: Stanford Journal of International Law 38 Nr. 1 (2002) 114.

[98] T. INOKI, Changes in the Japanese press and freedom of speech, in: Japan Spotlight: Economy, Culture & History 23 Nr. 4 (2004) 28.

[99] ZIMMER (Fn. 81) 21.

[100] BEER (Fn. 57) 150.

[101] „Japan to enact bill to counter hate speech", The Japan Times, 11.05.2016.

[102] „Japan's laws against hate speech piecemeal, lack teeth", The Japan Times, 12.10.2016.

[103] PENCE (Fn. 10) 157.

Es gibt jedoch auch positive Einschätzungen zum neuen Gesetz gegen Diskriminierung. So scheint es beispielsweise sinnvoll, dass der Schutzbereich des Gesetzes relativ klein gehalten wird und somit wenig Spielraum für den Gesetzesmissbrauch seitens der Regierung bestehen kann. Gäbe der Gesetzestext nur einen Umriss der zu beschränkenden Aussagen und Handlungen vor, so wäre es dem Staat ein leichtes, regierungskritisches Aussagen auf Grundlage des Gesetzes zu ahnden.[104] Als aktuelles Beispiel kann der staatliche Umgang mit Regierungskritikern in der Türkei genannt werden.

Die Unentschlossenheit des Gesetzes in Form fehlender Strafbestimmungen bringt doch ebenso Positives mit sich. Der Text beauftragt lokale Gebietskörperschaften mit der Ein- und Ausführung der jeweils für sie angemessenen Bestimmungen zur Bekämpfung von Diskriminierung. Diese Flexibilität auf lokaler Ebene kann einen Vorteil darstellen, wenn sich Intensität und Auswirkungen der örtlichen Diskriminierungshandlungen stark voneinander entscheiden. Ein stark von Diskriminierung betroffener Ort könnte sich demnach strengerer Richtlinien bedienen, sofern angebracht. Nur wenige Tage nach Verkündung des Antidiskriminierungsgesetzes konnte man bereits positive Ergebnisse im Kampf gegen Rassendiskriminierung verzeichnen. Im Juni 2016 erließ die Außenstelle Kawasaki des Distriktgerichts Yokohama eine Zwischenverfügung gegen einen antikoreanisch eingestellten Aktivisten, welche ihm das Halten einer Demonstration nahe den Räumlichkeiten einer pro-koreanischen Organisation verbietet. Vergangene Äußerungen des Mannes wurden vor Gericht als zweifellos gesetzeswidrig und den Schutzbereich der Meinungsfreiheit übersteigend bezeichnet. Durch die erstmalige Definition von Hassrede als Bedrohung von Körper, Leben und Freiheit mit der Absicht zum Ausschluss von der Gesellschaft im Antidiskriminierungsgesetz konnte die Verfügung ohne die komplizierte Auslegung internationaler Konventionen in Abstimmung mit der nationalen Gesetzgebung beschlossen werden.[105]

Auch in anderen Teilen Japans trugen die Richtlinien des Gesetzes wenige Zeit nach seiner Verkündung bereits Früchte. Die erste lokale Verordnung zur Bekämpfung von Hassrede wurde in Ōsaka verkündet. Sie definiert Hassrede als

---

[104] J. BETHUNE, Hate Speech in Japan, in: Japan Today, 31.05.2016.

[105] T. OSAKI, Japanese court issues first-ever injunction against hate-speech rally, in: The Japan Times, 03.06.2016.

kommunikative Handlung mit dem Ziel zum Ausschluss von Personen oder Gruppen aufgrund ihrer Rasse oder Herkunft vor breitem Publikum und bezieht auch explizit die Verbreitung solchen Gedankenguts über Onlinekanäle mit ein. Kommt es zu einer Beschwerde, wird ein aus fünf Experten bestehendes Gremium mit deren Überprüfung beauftragt. Auf dem Fazit dieses Gremiums basierend entscheidet der Bürgermeister im Anschluss über die öffentliche Nennung der Namen von rassistisch motiviert Handelnden. Dieses „naming and shaming" soll einen abschreckenden Effekt haben und kann womöglich ebenso als Zeichen dienen, dass die Zeiten der „unbeschwerten Rassendiskriminierung" nun vorbei sind. Aufgrund des breiten Ermessensspielraums der örtlichen Bürokratie in der Auslegung des Begriffs der öffentlichen Sicherheit ist es zudem möglich, Anträge von Hassrednern und deren Unterstützern für die Nutzung öffentlicher Anlagen und Gebäude zur Durchführung von Demonstrationen oder Versammlungen abzulehnen. Die Verordnung eignet sich daher zur Einschränkung rassendiskriminierender Versammlungen und Kundgebungen.[106]

---

[106] E. JOHNSTON, Osaka enforces Japan's first ordinance against hate speech, threatens to name names, in: The Japan Times, 01.07.2016.

6 Fazit

Auf Grundlage der durch die gesetzlichen Bestimmungen verlangten Maßnahmen zur Bekämpfung von Rassendiskriminierung haben örtliche Regierungen also schon die Initiative ergriffen und positive Ergebnisse verzeichnen können, um einen ersten Schritt hin zu einem respektvollen Dialog zu wagen. In Anbetracht der in letzter Zeit augenscheinlich gestiegenen Toleranzgrenze für den Ausdruck rassistischen Gedankenguts in der Öffentlichkeit scheint es ein wichtiger Zeitpunkt, das Problem der Rassendiskriminierung nicht nur in der westlichen Welt, sondern auch in Japan anzugehen. Wenn sich weltweit bekannte Personen ihrerseits gegen Personengruppen aufgrund ihrer Herkunft oder Abstammung aussprechen und hierfür nicht zur Verantwortung gezogen werden und offensichtlich rechtsorientierte politische Parteien vermehrt Zuspruch erfahren, befinden wir uns an einem kritischen Punkt in der Weltpolitik und zweifeln zumeist an unserem Demokratieverständnis. Gerade in dieser Situation scheint es angebracht und beruhigend, dass Japan das Problem als solches anerkannt und begonnen hat, dagegen vorzugehen. Zwar lassen die jahrelange Trägheit aufgrund der generellen Furcht vor der Einschränkung der Meinungsfreiheit und die anschließende Verabschiedung des Gesetzes ohne konkrete Strafbestimmungen den Eindruck erwachsen, es hielte sich hierbei womöglich um eine Art „Alibi-Gesetz" um die wiederkehrende Kritik von allen Seiten in Zukunft verhindern zu können, doch bedeutet eine Gesetzesverabschiedung keineswegs, dass zukünftig keine Veränderungen und Zusatzbestimmungen hinzugefügt werden können. Die ergänzenden Bestimmungen des Ober- und Unterhauses stehen stellvertretend für diese Möglichkeiten. Grundsätzlich wäre jedoch eine Definition des zu schützenden Personenkreises nicht unbedingt notwendig gewesen, denn Rassendiskriminierung darf und soll in einer Demokratie unter keinen Umständen gegenüber einer beliebigen Person oder Gruppe, ungeachtet ihrer Herkunft, möglich und geduldet sein. Es überrascht daher nicht, dass nicht nur stark rechtspolitisch geprägte oder patriotische Personen, sondern auch grundsätzlich Uninteressierte plötzlich annehmen mögen, dass die japanische Regierung mit der Verabschiedung des Gesetzes in erster Linie Personen koreanischen Ursprungs Unterstützung bereitstellen möchte. Hieraus kann sich unter Umständen eine gefährliche Atmosphäre bilden, in welcher mehr Hass geschürt und dem Staat und Unterstützern des Gesetzes der Verrat am eigenen Vaterland unterstellt wird.

Die grundlegende Diskussion, welche japanische Politiker und Gesetzgeber jahrelang von der Entwicklung eines Gesetzes gegen Rassendiskriminierung abhalten konnte, wurzelt jedoch in einer viel fundamentaleren Problemstellung. Auch im Laufe dieser Ausarbeitung kristallisierte sich eine grundlegende Problematik über Moral und Gerechtigkeit heraus: wie kann es in einer Demokratie ermöglicht werden, die Opfer von Hassrede und -verbrechen angemessen vor ebendiesen zu bewahren, während gleichzeitig das Recht des Redners auf freie Meinungsäußerung gewahrt wird? Die Komplexität dieser Diskussion ist nicht nur als Grund für die jahrelange Zurückhaltung der japanischen Regierung und Gesetzgebung zu nennen, sondern auch für die Ausarbeitung auf sprachlicher Ebene im Gesetzestext selbst. Um die Schranken der Meinungsfreiheit nicht auf grobe Art und Weise innerhalb kürzester Zeit zu sehr zu verändern, mag es ratsam sein, sich langsam voranzutasten. Weiterführende Verordnungen in die Hände der lokalen Regierungen zu legen kann hierbei hilfreich sein, nicht nur aufgrund der Einfachheit der Abtretung von Verantwortlichkeiten, sondern auch aufgrund von flexibel auf einzelne Gebiete auszuarbeitenden Richtlinien. Wie die bisherige, zeitlich noch kurze Erfahrung zeigt, können die zuständigen Gerichte mit diesen grob angelegten Vorgaben bisher gut arbeiten.

Die Entscheidung Japans, sich gegen das Problem der Hassrede und Diskriminierung zu stellen, sich aufzuraffen und entgegen der tiefsitzenden Furcht neue Wege einzuschlagen, scheint vor diesem Hintergrund fast bemerkenswert. Nachdem ein Schritt in die richtige Richtung getan wurde, müssen in Zukunft weitere adäquate Anpassungen und Maßnahmen vorgenommen werden, um diesen Verbesserungsprozess weiter voranzutreiben. Ein Japan, in welchem beständig neue Technologien und Ideen entwickelt und weiterentwickelt werden, kann somit nicht nur sich, sondern auch das Sprichwort beweisen, dass nur derjenige gewinnt, der auch wagt. Es bleibt zu hoffen, dass der eingenommene Kurs beibehalten und weiterhin in eine positive Richtung gelenkt wird.

Literaturverzeichnis

Monographien

Arudou, Debito. Embedded Racism: Japan's Visible Minorities and Racial Discrimination. London: Lexington Books 2015.

Beer, Lawrence Ward. Freedom of expression in Japan: a study in comparative law, politics and society. Kodansha International: Tōkyō u.a. 1984.

Beer, Lawrence Ward. Human Rights Constitutionalism in Japan and Asia: The Writings of Lawrence W. Beer. Global Oriental: Folkestone 2009.

Iwasawa, Yuji. International law, human rights and Japanese law: the impact of international law on Japanese law. Clarendon Press: Oxford 1998.

Ko, Mika. Nihonjinron: The ideology of Japaneseness, in: Ko [Hrsg.], Japanese Cinema and Otherness: Nationalism, Multiculturalism and the Problem of Japaneseness. Routledge: London u.a. 2010, S. 11–31.

Lewerich, Ludgera. Zainichi-Korian – Die koreanische Minderheit in Japan., in: 4. Deutsch-Japanisch-Koreanisches Stipendiatenseminar. Japanisch-Deutsches Zentrum Berlin: Berlin 2010, S. 118–128.

Matsui, Shigenori. The Constitution of Japan: A Contextual Analysis. Hart: Oxford u.a. 2011.

Meibauer, Jörg. Hassrede – von der Sprache zur Politik, in: Meibauer [Hrsg.], Hassrede/Hate Speech: Interdisziplinäre Beiträge zu einer aktuellen Diskussion. Gießener Elektronische Bibliothek: Gießen 2013, S. 1–16. http://geb.uni-giessen.de/geb/volltexte/2013/9251/pdf/HassredeMeibauer_2013.pdf [zuletzt aufgerufen am 06.03.2017].

Repeta, Lawrence. Law and society in Japan, in: Bestor / Bestor / Yamagata [Hrsg.], Routledge Handbook of Japanese Culture and Society. Routledge: Abingdon u.a. 2011, S. 75–88.

Siddle, Richard. Race, ethnicity, and minorities in modern Japan, in: Bestor / Bestor / Yamagata [Hrsg.], Routledge Handbook of Japanese Culture and Society. Routledge: Abingdon u.a. 2011, S. 150–162.

Sirsch, Jürgen. Die Regulierung von Hassrede in liberalen Demokratien, in: Meibauer [Hrsg.] Hassrede/Hate Speech: Interdisziplinäre Beiträge zu einer aktuellen Diskussion. Gießener Elektronische Bibliothek: Gießen 2013, S. 165–193. http://geb.uni-giessen.de/geb/volltexte/2013/9251/pdf/Hassrede Meibauer_2013.pdf [zuletzt aufgerufen am 06.03.2017].

Tamura, Toshiyuki. The Status and Role of Ethnic Koreans in Japanese Society, in: Bergsten / Choi [Hrsg.], The Korean Diaspora in the World Economy. Institute for International Economics: Washington 2003, S. 77–97. https://piie.com/publications/chapters_preview/365/5iie3586.pdf [zuletzt aufgerufen am 06.03.2017].

Weiner, Michael und David Chapman. Zainichi Koreans in history and memory, in: Weiner [Hrsg.], Japan's Minorities: The Illusion of Homogeneity. Routledge: Abingdon u.a. 2009 (2. Aufl.), S. 162–187.

Zimmer, Anja. Hate Speech im Völkerrecht: Rassendiskriminierende Äußerungen im Spannungsfeld zwischen Rassendiskriminierungsverbot und Meinungsfreiheit. Lang: Frankfurt am Main u.a. 2001.

Aufsätze

Arudou, Debito. Gaijin Hanzai Magazine and Hate Speech in Japan: The Newfound Power of Japan's International Residents, in: The Asia-Pacific Journal: Japan Focus 5 Nr. 3 (2007) S. 1–17. http://apjjf.org/-Arudou-Debito/2386/article.pdf [zuletzt aufgerufen am 06.03.2017].

Arudou, Debito. „Embedded Racism" in Japan's Official Registry Systems: Towards a Japanese Critical Race Theory, in: International Journal of Asia Pacific Studies 10 Nr. 1 (2014) S. 49–77. http://ijaps.usm.my/?page_id=2277 [zuletzt aufgerufen am 06.03.2017].

Behaghel, Jeanette. Die Rechtsstellung von Ausländern in Japan, in: Zeitschrift für Japanisches Recht 4 (1997) S. 77–90.

Behaghel, Jeanette. Die Situation von Flüchtlingen in Japan, in: Zeitschrift für Japanisches Recht 6 (1998) S. 125–138.

Gelber, Katharine und Luke J. McNamara. Evidencing the harms of hate speech, in: Social Identities 22 Nr. 3 (2016) S. 324–341. http://ro.uow.edu.au/cgi/viewcontent.cgi?article=3288&context=lhapapers [zuletzt aufgerufen am 06.03.2017].

Higuchi, Naoto. Nihongata haigaishugi: Zaitokukai, gaikokujin sansēken, higashi ajia chisēgaku (The Japanese-Model of Xenophobic Exclusionism: Zaitokukai, Resident Foreigner Enfranchisement and East Asian Geopolitics), in: Social Science Japan Journal 18 Nr. 2 (2015) S. 250–253. https://doi.org/10.1093/ssjj/jyv016 [zuletzt aufgerufen am 06.03.2017].

IMADR Japan Committee. Rise of Hate Speech in Japan, in: FOCUS 74 (2013) o.S. http://www.hurights.or.jp/archives/focus/section2/2013/12/rise-of-hate-speech-in-japan.html [zuletzt aufgerufen am 06.03.2017].

Inoki, Takenori. Changes in the Japanese press and freedom of speech, in: Japan Spotlight: Economy, Culture & History 23 Nr. 4 (2004) S. 26–29.

Ito, Kenichiro. Anti-Korean Sentiment and Hate Speech in the Current Japan: A Report from the Street, in: Procedia Environmental Sciences 20 (2014) S. 434–443. http://dx.doi.org/10.1016/j.proenv.2014.03.055 [zuletzt aufgerufen am 06.03.2017].

Mrabure, King Omote. Counteracting Hate Speech and the Right to Freedom of Expression in Selected Jurisdictions, in: Nnamdi Azikiwe University Journal of International Law and Jurisprudence 7 (2016) S. 160–169. http://www.ajol.info/index.php/naujilj/article/view/136264/125753 [zuletzt aufgerufen am 06.03.2017].

NGO Network for the Elimination of Racial Discrimination Japan. „The issue of Hate Speech in relation to Article 4 (a) and (b) of ICERD and Indications of Systematic and Massive Racial Discrimination in Japan that may lead to Conflict and Genocide". http://imadr.org/wordpress/wp-content/uploads/2014/07/CERD_85th-session_Japan_ERD-Net-report-2-Hate-Speech.pdf [zuletzt aufgerufen am 06.03.2017].

Nozaki, Yoshiko / H. Inokuchi /. Kim. Legal Categories, Demographic Change and Japan's Korean Residents in the Long Twentieth Century, in: The Asia-Pacific Journal: Japan Focus 4 Nr. 9 (2006) S. 1–13. http://apjjf.org/-Kim-Tae-young--Hiromitsu-INOKUCHI--Yoshiko-Nozaki/2220/article.pdf [zuletzt aufgerufen am 06.03.2017].

Okada, Masanori. Klagen auf Wiedergutmachung und die staatliche Verantwortung für Menschenrechtsverletzungen: Fragen und Aufgaben für Japan, in: Zeitschrift für Japanisches Recht 14 (2002) S. 131–150.

Pence, Canon. Japanese Only: Xenophobic Exclusion in Japan's Private Sphere, in: International Law Review 101 (2007) o.S. http://debito.org/canonpenceilrsummer07.pdf [zuletzt aufgerufen am 06.03.2017].

Penney, Matthew. „Racists Go Home!", „Go Crawl Back to the Net!" – Anti-Racism Protestors Confront the Zaitokukai, in: The Asia-Pacific Journal: Japan Focus, o.S. http://apjjf.org/-Matthew-Penney/4758/article.html [zuletzt aufgerufen am 06.03.2017].

Sakamoto, Rumi. „Koreans, Go Home!" Internet Nationalism in Contemporary Japan as a Digitally Mediated Subculture, in: The Asia-Pacific Journal: Japan 9 Nr. 10 (2011) S. 1–20. http://apjjf.org/-Rumi-Sakamoto/3497/article.pdf [zuletzt aufgerufen am 06.03.2017].

Shibuchi, Daiki. Zaitokukai and the Problem with Hate Groups in Japan, in: Asian Survey 55 Nr. 4 (2015) S. 715–738. DOI: 10.1525/as.2015.55.4.715 [zuletzt aufgerufen am 06.03.2017].

Shibuichi, Daiki. The Struggle Against Hate Groups in Japan: The Invisible Civil So-ciety, Leftist Elites and Anti-Racism Groups, in: Social Science Japan Journal 19 Nr. 1 (2016) S. 71–83. DOI:10.1093/ssjj/jyv035 [zuletzt aufgerufen am 06.03.2017].

Takao, Yasuo. Foreigners' Rights in Japan: Beneficiaries to Participants, in: Asian Survey 43 Nr. 3 (University of California Press 2003) S. 527–552. DOI:10.1525/as.2003.43.3.527 [zuletzt aufgerufen am 06.03.2017].

Wakabayashi, Tsubasa. Hate Speech and Legal Restrictions in Japan, in: Zeitschrift für Japanisches Recht 38 (2014) S. 249–263. http://www.zjapanr.de/index.php/zjapanr/article/view/417/439 [zuletzt aufgerufen am 06.03.2017].

Webster, Timothy. Reconstituting Japanese Law: International Norms and Domestic Litigation, in: Michigan Journal of International Law 30 Nr. 1 (2008) S. 211–250. http://repository.law.umich.edu/cgi/viewcontent.cgi?article=1120&context=mjil [zuletzt aufgerufen am 06.03.2017].

Yamaguchi, Itsuko. Beyond De Facto Freedom: Digital Transformation of Free Speech   Theory in Japan, in: Stanford Journal of International Law 38 Nr. 1 (2002) S. 109–122. http://heinonline.org/HOL/Page? handle=hein.journals/stanit38&g_sent=1&collection=journals&id=117 [zuletzt aufgerufen am 06.03.2017].

Yamaguchi, Tomomi. Xenophobia in Action: Ultranationalism, Hate Speech, and the Internet in Japan, in: Radical History Review 117 (2013) S. 98–118. DOI: 10.1215/01636545-2210617 [zuletzt aufgerufen am 06.03.2017].

Zeitungsartikel

Aoki, Mizuho. DPJ chief assails Abe over rise in far-right hate speech, in: The Japan Times, 30.09.2014.
http://www.japantimes.co.jp/news/2014/09/30/ national/politics-diplomacy/dpj-chief-assails-abe-rise-far-right-hatespeech/#.
WKR8QtiQzGg [zuletzt aufgerufen am 06.03.2017].

Arudou, Debito. Battles over history, the media and the message scar 2015, in: The Japan Times, 03.01.2016. http://www.japantimes.co.jp/community/ 2016/01/03/issues/battles-history-media-message-scar-2015/#.WKSN1diQzGg [zuletzt aufgerufen am 06.03.2017].

Arudou, Debito. Osaka's move on hate speech should be just the first step, in: The Japan Times, 31.01.2016. http://www.japantimes.co.jp/community/ 2016/01/31/issues/osakas-move-hate-speech-just-first-step/#.WKSOBtiQzGg [zuletzt aufgerufen am 06.03.2017].

Bethune, Jonathan. „Hate Speech in Japan", in: Japan Today, 31.05.2016. https://www.japantoday.com/category/opinions/view/hate-speech-in-japan
[zuletzt aufgerufen am 06.03.2017].

Der Spiegel, „Sich verleugnen, sich selbst täuschen", 14.09.1981. http://www.spiegel.de/spiegel/print/d-14345099.html [zuletzt aufgerufen am 06.03.2017].

Japan Today, „Nationalists converge on Shin-Okubo's Koreatown", 18.09.2012. https://www.japantoday.com/category/kuchikomi/view/nasty-nationalists-converge-on-shin-okubos-koreatown [zuletzt aufgerufen am 06.03.2017].

Johnston, Eric. Politicians silent on curbing hate speech – Reining in anti-foreigner tirades a nonstarter in Diet, in: The Japan Times, 10.07.2013. http://www.japantimes.co.jp/news/2013/07/10/national/social-issues/politicians -silent-on-curbing-hate-speech/#.WIIkztiQzcs [zuletzt aufgerufen am 06.03.2017].

Johnston, Eric. U.S. historians slam Abe effort to change textbook dealing with „comfort women", in: The Japan Times, 09.02.2015. http://www.japantimes.co.jp/news/2015/02/09/national/u-s-historians-slam-abe-effort-to-change-textbook-dealing-with-comfort-women/#. WLWnP9iQzGg [zuletzt aufgerufen am 06.03.2017].

Johnston, Eric. Osaka enforces Japan's first ordinance against hate speech, threatens to name names, in: The Japan Times, 01.07.2016. http://www.japantimes.co.jp/news/2016/07/01/national/crime-legal/osaka-enforces-japans-first-ordinance-hate-speech-threatens-name-names/#. WKSSAtiQzGg [zuletzt aufgerufen am 06.03.2017].

Kim, Hyojin. Abe expresses regret over hate speech, in: The Korea Times, 14.01.2016. http://www.koreatimes.co.kr/www/news/nation/2016/10/116_195 438.html [zuletzt aufgerufen am 06.03.2017].

Osaki, Tomohiro. Anti-Korean rally in Shin-Okubo turns ugly; several suspects held, in: The Japan Times, 18.06.2013. http://www.japantimes.co.jp/ news/2013/06/18/national/crime-legal/anti-korean-rally-in-shin-okubo-turns-ugly-several-suspects-held/#.WKR3nNiQzGg [zuletzt aufgerufen am 06.03.2017].

Osaki, Tomohiro. Diet passes Japan's first law to curb hate speech", in: The Japan Times, 24.05.2016. http://www.japantimes.co.jp/news/2016/05/24/ national/social-issues/diet-passes-japans-first-law-curb-hate-speech/#. WKSPxdiQzGg [zuletzt aufgerufen am 06.03.2017].

Osaki, Tomohiro. Japanese court issues first-ever injunction against hate-speech rally, in: The Japan Times, 03.06.2016.http://www.japantimes.co.jp/news/2016/06/03/national/crime-legal/japanese-court-issues-first-ever-injunction-hate-speech-rally/#.WKSR4NiQzGg [zuletzt aufgerufen am 06.03.2017].

Sato, Daisuke. Rallies dent business in Koreatown – Shin-Okubo shop owners report sales drop of around 30 percent from right-wing rants, in: The Japan Times, 04.08.2013. http://www.japantimes.co.jp/news/2013/08/04/national/social-issues/rallies-dent-business-in-koreatown/#.WKR70NiQzGg [zuletzt aufgerufen am 06.03.2017].

The Asahi Shimbun, „Websites pull hate speech video upon Justice Ministry's request", 15.02.2016. http://www.asahi.com/ajw/articles/AJ201602150060 .html [zuletzt aufgerufen am 06.03.2017].

The Asahi Shimbun, „Silent protesters confront hate speech rally", 07.03.2016. http://www.asahi.com/ajw/articles/AJ201603070036.html [zuletzt aufgerufen am 06.03.2017].

The Asahi Shimbun, „Anti-hate speech bills likely headed for Diet consideration", 06.04.2016. http://www.asahi.com/ajw/articles/AJ201604060055.html [zuletzt aufgerufen am 06.03.2017].

The Japan Times, „Aso says Japan is nation of 'one race'", 18.10.2005. http://www.japantimes.co.jp/news/2005/10/18/national/aso-says-japan-is-nation-of-one-race/#.WJisOdiQzcs [zuletzt aufgerufen am 06.03.2017].

The Japan Times, „Japan faces U.N. racism criticism", 26.02.2010. http://www.japantimes.co.jp/news/2010/02/26/national/japan-faces-u-n-racism-criticism/#.WKSJ_9iQzGg [zuletzt aufgerufen am 06.03.2017].

The Japan Times, „Japan urged to regulate hate speech by law at U.N. meeting", 21.08.2014. http://www.japantimes.co.jp/news/2014/08/21/national/ social-issues/japan-urged-to-regulate-hate-speech-by-law-at-u-n-meeting/#. WKSLXdiQzGh [zuletzt aufgerufen am 06.03.2017].

The Japan Times, „Japan to enact bill to counter hate speech", 11.05.2016. http://www.japantimes.co.jp/news/2016/05/11/national/japan-to-enact-bill-to-counter-hate-speech/#.WKSRaNiQzGg [zuletzt aufgerufen am 06.03.2017].

The Japan Times, „Japan's laws against hate speech piecemeal, lack teeth", 12.10.2016. http://www.japantimes.co.jp/news/2016/10/12/national/social-issues/japans-laws-hate-speech-piecemeal-lack-teeth/#.WKSRidiQzGg [zuletzt aufgerufen am 06.03.2017].

The Mainichi, „Editorial: Japan needs effective hate speech law to stamp out racist marches", 11.04.2016. http://mainichi.jp/english/articles/20160411/ p2a/00m/0na/022000c [zuletzt aufgerufen am 06.03.2017].

Gesetze und Konventionen

Honpō-gai shusshin-sha ni taisuru futōna sabetsu-teki gendō no kaishō ni muketa torikumi no suishin ni kansuru hōritsu (Japanisches Antidiskriminierungsgesetz), Gesetz Nr. 69/2016. http://www.moj.go.jp/content/001184402.pdf [zuletzt aufgerufen am 06.03.2017].

Internationaler Pakt über bürgerliche und politische Rechte (ICCPR) vom 19. Dezember 1966, BGBL 1973 II, S. 1553. https://www.amnesty.at/de/view/files/download/showDownload/?tool =12&feld=download&sprach_connect=126 [zuletzt aufgerufen am 06.03.2017].

Internationales Übereinkommen zur Beseitigung jeder Form von Rassendiskriminierung (ICERD) vom 7. März 1966, BGBL 1969 II, S. 961. http://www.institut-fuer-menschenrechte.de/fileadmin/user_upload/PDF-Dateien/Pakte_Konventionen/ICERD/icerd_de.pdf [zuletzt aufgerufen am 06.03.2017].

Keihō (Japanisches Strafgesetz), Gesetz Nr. 45/1907 i. d. F. des Gesetzes Nr. 54/2007; engl. Übersetzung über: Japanese Law Translation. http://www.japaneselawtranslation.go.jp/law/detail/?id=1960&vm=04&re=02&new=1 [zuletzt aufgerufen am 06.03.2017].

Minpō (Japanisches Zivilgesetz), Gesetz Nr. 89/1896 i. d. F. des Gesetzes Nr. 78/2006; dt. Übersetzung in: Kaiser [Übers.] Das japanische Zivilgesetzbuch in deutscher Sprache: einschließlich des Artikels 38 des Gesetzes Nr. 50 vom 2. Juni 2006 zur Änderung eines Teils des Zivilgesetzbuchs aufgrund des Gesetzes über allgemeine Vereine und allgemeine Stiftungen etc. Heymanns: Köln u.a. 2008.

Nihonkoku kenpō (Japanische Verfassung von 1946), in: Eisenhardt / Leser / Ishibe / Isomura / Kitagawa / Murakami / Marutschke [Hrsg.]. Japanische Entscheidungen zum Verfassungsrecht in deutscher Sprache, S. 533–554. Heymanns: Köln u.a. 1998.

UN Economic and Social Council, Commission on Human Rights. „Racism, Racial Discrimination, Xenophobia and all Forms of Discrimination: Report of the Special Rapporteur on contemporary forms of racism, racial discrimination, xenophobia and related intolerance", 24.01.2006, 62. Sitzung, E/CN.4/2006/16/Add.2. http://www.un.org/Docs/journal/asp/ws.asp?m=E/CN.4/2006/16/Add.2 [zuletzt aufgerufen am 06.03.2017].

UN ICERD Committee on the Elimination of Racial Discrimination. „Decision on follow up to the declaration on the prevention of genocide: indicators of patterns of systematic and massive racial discrimination", 14.10.2005, 66. Sitzung, CERD/C/67/1. http://www.ohchr.org/Documents/HRBodies/CERD/indicators_for_genocide.doc [zuletzt aufgerufen am 06.03.2017].

UN ICERD Committee on the Elimination of Racial Discrimination. „Concluding observations of the Committee on the Elimination of Racial Discrimination", 06.04.2010, 76. Sitzung, CERD/C/JPN/CO/3-6. http://tbinternet.ohchr.org/_layouts/treatybodyexternal/Download.aspx?symbolno=CERD%2FC%2FJPN%2FCO%2F3-6&Lang=en [zuletzt aufgerufen am 06.03.2017].

UN ICERD Committee on the Elimination of Racial Discrimination. „Concluding observations on the combined seventh to ninth periodic reports of Japan", 26.09.2014, 85. Sitzung, CERD/C/JPN/CO/7-9. http://tbinternet.ohchr.org/_layouts/treatybodyexternal/Download.aspx?symbolno=CERD/C/JPN/CO/7-9&Lang=En [zuletzt aufgerufen am 06.03.2017].

Gerichtsentscheidungen

Okada, Yohei [Übers.]. DG Kyōto v. 07.10.2013, „Hate Speech – Tort – Racial Discrimination – Articles 1(1), 1(2), and 6 of the International Convention on the Elimination of All Forms of Racial Discrimination", in: Japanese yearbook of international law 57 (2014) S. 503–510.

Webster, Timothy [Übers.]. DG Sapporo v. 11.11.2002, „Arudou v. Earth Cure: Judgment of November 11, 2002 Sapporo District Court", in: Asian-Pacific Law & Policy Journal 9 Nr. 297 (2007) S. 299–318. https://ssrn.com/abstract=1664641 [zuletzt aufgerufen am 06.03.2017].

Sonstige

Arudou, Debito, „Dr. Arudou Debito's Home Page: Issues of Life and Human Rights in Japan", http://www.debito.org [zuletzt aufgerufen am 06.03.2017].

Arudou, Debito. „Shibuya Police asking local ‚minpaku' Airbnb renters to report their foreign lodgers ‚to avoid Olympic terrorism'. Comes with racialized illustrations", 27.06.2016. http://www.debito.org/?p=14071 [zuletzt aufgerufen am 06.03.2017].

Hōmu-shō (Justizministerium Japan). „Heitosupīchi, yurusanai" („Stop Hate Speech"), www.moj.go.jp/JINKEN/jinken04_00108.html [zuletzt aufgerufen am 06.03.2017].

Ministry of Internal Affairs and Communications, Statistics Bureau. „Foreign National Residents by Nationality 2000–2014". http://www.stat.go.jp/data/nenkan/65nenkan/zuhyou/y650214000.xls [zuletzt aufgerufen am 06.03.2017].

Sangiin hōmu iinkai (Oberhaus, Ausschuss für Justizangelegenheiten), „Futai ketsugi" („Ergänzende Beschlüsse"). http://www.moj.go.jp/content/001184403.pdf [zuletzt aufgerufen am 06.03.2017].

Shūgiin hōmu iinkai (Unterhaus, Ausschuss für Justizangelegenheiten), „Futai ketsugi" („Ergänzende Beschlüsse"). http://www.moj.go.jp/content/001184407.pdf [zuletzt aufgerufen am 06.03.2017].

The Office of the United Nations High Commissioner for Human Rights. „Status of Ratification Interactive Dashboard", http://indicators.ohchr.org [zuletzt aufgerufen am 06.03.2017].

Anhang

Anlage A: Das japanische Antidiskriminierungsgesetz

Eigene Übersetzung der Verfasserin

Gesetz über die Förderung von Maßnahmen zur Beseitigung unbilliger diskriminierender Äußerungen und Behandlungen gegenüber nicht aus Japan stammenden Personen

Gesetz Nr. 69/2016

Inhaltsübersicht:

Präambel

Kapitel I   Allgemeine Regelungen (Artikel 1 – Artikel 4)

Kapitel II   Grundlegende Maßnahmen (Artikel 5 – Artikel 7)

Ergänzende Bestimmungen

In den letzten Jahren werden in Japan unbillige diskriminierende Äußerungen und Behandlungen zur Aufhetzung ausgeübt um den Ausschluss von sich rechtmäßig in Japan aufhaltenden Personen und deren Nachfahren wegen ihrer Abstammung aus einem Land oder einer Region außerhalb Japans aus den Kommunen unseres Landes heran zu treiben, weshalb diesen Personen und deren Nachkommen enorme Belastung und Leid aufgezwungen und eine bedenkliche Zerrissenheit in den örtlichen Gemeinschaften bewirkt wird.

Selbstverständlich dürfen solche unbilligen diskriminierenden Äußerungen und Behandlungen nicht existieren und das Tolerieren einer solchen Situation ist unzulässig im Lichte von Japans Position in der internationalen Gemeinschaft.

Aus diesem Grunde erklären wir, dass solche unbilligen diskriminierenden Äußerungen und Behandlungen nicht toleriert werden und dieses Gesetz demzufolge beschlossen wird um ein Bewusstsein des Volkes zu schaffen und dessen Verständnis und Zusammenarbeit für weitere Menschenrechtserziehung und Sensibilisierungsmaßnahmen zu fördern sowie die Maßnahmen zur Beseitigung unbilliger diskriminierender Äußerungen bzw. Behandlungen zu stärken.

Kapitel I: Allgemeine Regelungen

(Zweck)

Artikel 1

Angesichts der Tatsache, dass die Beseitigung unbilliger diskriminierender Äußerungen und Behandlungen gegenüber nicht aus Japan stammenden Personen eine dringende Aufgabe darstellt, ist der Zweck dieses Gesetzes die Darlegung von Grundprinzipien für Maßnahmen zu deren Beseitigung und die

Klarstellung der Verantwortlichkeit des Staates als auch die Darlegung und Förderung der grundlegenden Maßnahmen.

(Definition)

Artikel 2

In diesem Gesetz bezeichnen "unbillige diskriminierende Äußerungen und Behandlungen gegenüber nicht aus Japan stammenden Personen" unbillige diskriminierende Äußerungen und Behandlungen mit dem Ziel, zum Ausschluss von aus einem anderen Land oder einer anderen Region als Japan stammenden Personen sowie deren Nachfahren, welche sich rechtmäßig in Japan aufhalten (im Folgenden „nicht aus Japan stammende Personen") aus den örtlichen Gemeinschaften aufgrund der Nicht-Abstammung aus Japan aufzuhetzen. Hierzu zählen die Ankündigung der Durchführung von Gefährdung des Lebens und Körpers, der Freiheit, des guten Rufes oder des Eigentums sowie erhebliche Beleidigung mit der Absicht, diskriminierende Stimmung gegenüber solchen Personen zu fördern oder zu veranlassen.

(Grundprinzipien)

Artikel 3

Die Bevölkerung treibt ihr Verständnis für die Notwendigkeit der Beseitigung unbilliger diskriminierender Äußerungen und Behandlungen gegenüber nicht aus Japan stammenden Personen voran und bemüht sich um die Mitarbeit in der Realisierung einer von unbilligen diskriminierenden Äußerungen und Behandlungen gegenüber nicht aus Japan stammenden Personen freien Gesellschaft.

(Verantwortlichkeit des Staates und der lokalen Gebietskörperschaften)

Artikel 4 (1)

Der Staat trägt die Verantwortung, die sich auf die Bemühungen der Beseitigung unbilliger Äußerungen und Behandlungen gegenüber nicht aus Japan stammenden Personen beziehenden Maßnahmen durchzuführen und die zur Durchführung der Maßnahmen erforderlichen Ratschläge durch die lokalen Gebietskörperschaften bereit zu stellen sowie sonstige Maßnahmen zu treffen.

(2)

Die lokalen Gebietskörperschaften bemühen sich darum, Maßnahmen entsprechend der örtlichen Sachlage zu ergreifen. Hierbei wird die angemessene Aufgabenteilung mit dem Staat hinsichtlich der Maßnahmen zur Beseitigung unbilliger diskriminierender Äußerungen und Behandlungen gegenüber nicht aus Japan stammenden Personen berücksichtigt.

Kapitel II: Grundlegende Maßnahmen

(Bereitstellung und Aufrechterhaltung eines Beratungssystems)

Artikel 5 (1)

Der Staat reagiert angemessen auf Beratungen aus dem Ausland bezüglich unbilliger diskriminierender Äußerungen und Behandlungen gegenüber nicht aus Japan stammenden Personen und entwickelt ein erforderliches System zur Vorbeugung und Beilegung von Streitigkeiten in diesem Zusammenhang.

(2)

Die lokalen Gebietskörperschaften reagieren angemessen auf Beratungen bezüglich unbilliger diskriminierender Äußerungen und Behandlungen gegenüber nicht aus Japan stammenden Personen entsprechend der örtlichen Sachlage unter Berücksichtigung angemessener Aufgabenteilung mit dem Staat und entwickelt ein erforderliches System zur Vorbeugung und Beilegung von Streitigkeiten in diesem Zusammenhang.

(Verbesserung von Bildung, etc.)

Artikel 6 (1)

Der Staat verwirklicht Bildungsmaßnahmen zur Beseitigung unbilliger diskriminierender Äußerungen und Behandlungen gegenüber nicht aus Japan stammenden Personen und bringt die hierfür erforderlichen Bemühungen auf.

(2)

Die lokalen Gebietskörperschaften verwirklichen Bildungsmaßnahmen zur Beseitigung unbilliger diskriminierender Äußerungen und Behandlungen gegenüber nicht aus Japan stammenden Personen in Anbetracht der örtlichen Sachlage unter Berücksichtigung angemessener Aufgabenteilung mit dem Staat und bringen die hierfür notwendigen Bemühungen auf.

(Aufklärungsmaßnahmen, etc.)

Artikel 7 (1)

Der Staat fördert das Bekanntwerden der Notwendigkeit der Bewältigung unbilliger diskriminierender Äußerungen und Behandlungen gegenüber nicht aus Japan stammenden Personen innerhalb der Bevölkerung und führt Öffentlichkeitsarbeit zum Zweck eines vertieften Verständnisses hierfür sowie andere bewusstseinsfördernde Maßnahmen durch und bringt die hierfür notwendigen Bemühungen auf.

(2)

Die lokalen Gebietskörperschaften fördern das Bekanntwerden der Notwendigkeit der Bewältigung unbilliger diskriminierender Äußerungen und Behandlungen gegenüber nicht aus Japan stammenden Personen innerhalb der Ortsansässigen in Anbetracht der örtlichen Sachlage unter Berücksichtigung angemessener Aufgabenteilung mit dem Staat und setzen Öffentlichkeitsarbeit zum Zweck eines vertieften Verständnisses hierfür sowie andere bewusstseinsfördernde Maßnahmen um und bringen die hierfür notwendigen Bemühungen auf.

Ergänzende Bestimmungen

(Datum des Inkrafttretens)

1.

Dieses Gesetz tritt mit dem Tag seiner Verkündung in Kraft.

(Überprüfung der Maßnahmen gegen unbillige diskriminierende Äußerungen und Behandlungen)

2.

Die Maßnahmen gegen unbillige diskriminierende Äußerungen und Behandlungen gegenüber nicht aus Japan stammenden Personen werden nach dem Vollzug dieses Gesetzes gegebenenfalls in Anbetracht der gegenwärtigen Sachlage überprüft.

Anlage B: Ergänzende Beschlüsse des Oberhauses

Eigene Übersetzung der Verfasserin

Ergänzender Beschluss zum Gesetz über die Förderung von Maßnahmen zur Beseitigung unbilliger diskriminierender Äußerungen und Behandlungen gegenüber nicht aus Japan stammenden Personen

Der Staat und die lokalen Gebietskörperschaften berücksichtigen insbesondere folgende Angelegenheiten zum Vollzug dieses Gesetzes vor dem Hintergrund, dass die Beseitigung unbilliger diskriminierender Äußerungen und Behandlungen gegenüber nicht aus Japan stammenden Personen ein dringliches Thema ist.

(i) Die Interpretation von Artikel 2 dieses Gesetzes, dass bestimmte Formen von diskriminierenden Äußerungen und Behandlungen erlaubt sein mögen, solange sie nicht „unbillige diskriminierende Äußerungen und Behandlungen gegenüber nicht aus Japan stammenden Personen" sind, ist nicht korrekt und jede Form von diskriminierenden Äußerungen und Behandlungen wird in angemessener Weise im Sinne der Absicht dieses Gesetzes, dem Sinne der Japanischen Verfassung und des Internationalen Übereinkommens zur Beseitigung jeder Form von rassistischer Diskriminierung behandelt.

(ii) Erkennend, dass sich Inhalt und Häufigkeit von unbilligen diskriminierenden Äußerungen und Behandlungen gegenüber nicht aus Japan stammenden Personen abhängig von der Region unterscheiden und hinsichtlich der Regionen in welchen dies zu einer ernsthaften Kluft innerhalb der örtlichen Gemeinde führt, setzen lokale Gebietskörperschaften sowie der Staat entschieden die mit den Bemühungen zur Beseitigung verbundenen Maßnahmen um.

(iii) Es werden mit den Bemühungen zur Beseitigung von zu unbilligen diskriminierenden Äußerungen und Behandlungen gegenüber nicht aus Japan stammenden Personen usw. anspornenden und anregenden Handlungen über das Internet verbundene Maßnahmen vollzogen.

Beschluss wie vorstehend verabschiedet.

Anlage C: Ergänzende Beschlüsse des Unterhauses

Eigene Übersetzung der Verfasserin

Ergänzender Beschluss zum Gesetz über die Förderung von Maßnahmen zur Beseitigung unbilliger diskriminierender Äußerungen und Behandlungen gegenüber nicht aus Japan stammenden Personen

Der Staat und die lokalen Gebietskörperschaften berücksichtigen insbesondere folgende Angelegenheiten zum Vollzug dieses Gesetzes vor dem Hintergrund, dass die Beseitigung unbilliger diskriminierender Äußerungen und Behandlungen gegenüber nicht aus Japan stammenden Personen ein dringliches Thema ist.

(i) Im Sinne der Absicht dieses Gesetzes, dem Sinne der Japanischen Verfassung und des Internationalen Übereinkommens zur Beseitigung jeder Form von rassistischer Diskriminierung sowie dem grundlegenden Bewusstsein, dass es nicht korrekt ist, zu glauben, dass bestimmte Formen von diskriminierenden Äußerungen und Behandlungen erlaubt sein mögen solange es sich nicht um die in Artikel 2 vorgesehenen „unbilligen diskriminierenden Äußerungen und Behandlungen gegenüber nicht aus Japan stammenden Personen" handelt, werden sämtliche diskriminierende Äußerungen und Behandlungen angemessen behandelt.

(ii) Die lokalen Gebietskörperschaften von Regionen, in denen unbillige diskriminierende Äußerungen und Behandlungen gegenüber nicht aus Japan stammenden Personen zu einer ernsthaften Kluft innerhalb der örtlichen Gemeinde führen, sollen in angemessener Weise und unter Einbeziehung der regionalen Unterschiede in Bezug auf Inhalt und Häufigkeit auf die Sachlage eingehen und in Zusammenarbeit mit dem Staat entschieden die mit Bemühungen zur Beseitigung verbundenen Maßnahmen umsetzen.

(iii) Es werden mit den Bemühungen zur Beseitigung von zu unbilligen diskriminierenden Äußerungen und Behandlungen gegenüber nicht aus Japan stammenden Personen usw. anspornenden und anregenden Handlungen über das Internet verbundene Maßnahmen vollzogen.

(iv) Der Staat und die lokalen Gebietskörperschaften bemühen sich neben unbilligen diskriminierenden Äußerungen und Behandlungen gegenüber nicht aus Japan stammenden Personen um die Verfolgung der gegenwärtigen Situation unbilliger diskriminierender Behandlung und nehmen Überprüfungen vor, um die notwendigen Maßnahmen zur Beseitigung zu treffen.

Anlage D: CERD-Indikatoren für Verhaltensmuster systematischer und massiver Rassendiskriminierung

Eigene Übersetzung der Verfasserin

CERD-Indikator	Umstandsrichtlinien	Situation in Japan (beispielhaft, v.a. in Hinsicht auf *Zainichi*)
1	„Fehlen eines rechtlichen Rahmens sowie von Institutionen zur Vorbeugung von Rassendiskriminierung und Bereitstellung von Rechtsbehelfen für Opfer von Diskriminierung."	Vor Einführung des Antidiskriminierungsgesetzes: keine rechtliche Grundlage zur Vorbeugung und Bekämpfung von Rassendiskriminierung.
2	„Systematische behördliche Leugnung der Existenz bestimmter Gruppen."	Annähernde Unsichtbarkeit der koreanischen Minderheit innerhalb Japans, bspw. durch die grundsätzliche Nutzung japanischer Namen zur Vermeidung von Diskriminierung (siehe Kapitel 2.2.1). Leugnung der Existenz von Minderheiten durch Premierminister Nakasone 1986 und Außenminister Asō 2005 (siehe Kapitel 2).
3	„Der gesetzliche oder tatsächliche systematische Ausschluss bestimmter Gruppen aus Machtpositionen, Beschäftigung in staatlichen Institutionen sowie in Lehramt, Justiz und Polizeidienst."	Ausschluss aus bestimmten Berufszweigen.[107]
4	„Gezwungene Kenntlichmachung gegen den Willen von Mitgliedern bestimmter Gruppen, inklusive der Kenntlichmachung von Volkszugehörigkeit durch die Nutzung von Ausweisen."	Einfache Identifizierung von Ausländern durch nicht vorhandenen japanischen Namen (siehe Kapitel 2.2.1).

---

[107] UN ICERD (Fn. 74).

		Diskriminierung von Minderheiten auf dem Immobilien- und Arbeitsmarkt auf Grundlage des Familienregistersystems.[108]

5	„Stark einseitige Auslegung historischer Geschehnisse in Schultextbüchern und anderen Lehrmaterialien als auch die Durchführung von historischen Feierlichkeiten welche zur Verschärfung der Spannung zwischen Gruppen und Personen führt."	Einseitige Darstellungen in der Geschichtslehre.[109] Bemühungen der Regierung zur Unterdrückung von Aussagen bezüglich „Trostfrauen" in Geschichtsbüchern.[110]
6	„Richtlinien zur Zwangsentfernung von zu ethnischen Minderheiten gehörenden Kindern mit dem Ziel der vollständigen Assimilierung."	
7	„Richtlinien zur direkten und indirekten Abgrenzung, beispielsweise getrennte Schulen und Wohngebiete."	
8	„Systematische und weit verbreitete Verwendung und Akzeptanz von hassförderndem Ausdruck oder Propaganda und/oder Gewaltaufforderung gegen Minderheiten, insbesondere in Medien."	Hassfördernde Aussagen in bekannten Zeitschriften, Veröffentlichung von Medien mit hassschürenden Inhalten (*Gaijin Hanzai* Magazin), diskriminierende Aussagen auf Webseiten und in Foren (siehe Kapitel 2.1).

---

[108] UN ICERD (Fn. 74).

[109] UN ICERD, CERD/C/JPN/CO/3-6, 06.04.2010.

[110] E. JOHNSTON, U.S. historians slam Abe effort to change textbook dealing with „comfort women", in: The Japan Times, 09.02.2015.

9	„Schwerwiegende Aussagen politischer Führer/prominenter Personen, welche der Idee der Überlegenheit einer Rasse oder Volksgruppe zustimmen, Minderheiten entmenschlichen und dämonisieren oder Gewalt gegenüber Minderheiten dulden oder rechtfertigen."	Leugnung und Relativierung des von „Trostfrauen" erlittenen Leids durch Amtspersonen.[111]
10	„Gewalt oder schwerwiegende Begrenzungen gegenüber Minderheitengruppen, welche traditionellerweise als eine Führungsposition bekleidend wahrgenommen werden, beispielsweise als Wirtschaftselite, in der Politik oder staatlichen Institutionen."	
11	„Schwerwiegende Verhaltensmuster individueller Angriffe gegen Angehörige einer Minderheit durch Privatpersonen welche hauptsächlich durch die Zugehörigkeit des Opfers zu dieser Gruppe motiviert handeln."	Der im Dezember 2009 an einer Grundschule stattgefundene Angriff durch Mitglieder der *Zaitokukai* (siehe Kapitel 2.2.2).
12	„Entwicklung und Organisation von Bürgerwehren und/oder extreme politische Gruppen auf Basis einer rassistischen Plattform."	*Zaitokukai* und *Shuken* (siehe Kapitel 2.2.1).
13	„Erheblicher Durchfluss von Flüchtlingen und Binnenflüchtlingen, insbesondere wenn Betroffene zu bestimmten ethnischen oder religiösen Gruppen gehören."	

---

[111] UN ICERD (Fn. 74).

14	„Erhebliche sozioökonomische Unterschiede welche auf Muster ernsthafter Rassendiskriminierung hinweisen."	Die Arbeitslosenquote von *Zainichi* war zumeist etwa doppelt so hoch wie die Gesamtquote.[112]
15	„Richtlinien zur Verhinderung der Bereitstellung grundlegender Dienstleistungen oder Unterstützung, einschließlich Behinderung von Hilfeleistungen oder Zugang zu Lebensmitteln, Wasser, sanitären Einrichtungen oder grundlegender medizinischer Versorgung in bestimmten Regionen oder gegenüber bestimmten Personengruppen."	

---

[112] T. TAMURA, The Status and Role of Ethnic Koreans in Japanese Society, in: Bergsten / Choi [Hrsg.], The Korean Diaspora in the World Economy (Washington 2003) 91.